Teresa Hochmuth

Holla Honigkuchenfee
Weihnachten ohne Liefer-Elch

Holla Honigkuchenfee

Band 1: Eine Vorlesegeschichte in 24 Kapiteln
Band 2: Weihnachten ohne Liefer-Elch

Teresa
Hochmuth

HOLLA
HONIGKUCHENFEE

**Weihnachten ohne
Liefer-Elch**

24 KAPITEL

Illustriert von Julia Christians

magellan

Inhalt

1. Der letzte Novembertag

Ungeduldig wartet Etta, dass Emil endlich den großen Karton aus seinem Geheimversteck hinter dem Bett holt. Die beiden sind beste Freunde, schon seit sie denken können. Sie wohnen sogar im selben Haus und gehen in dieselbe Klasse. Gerade ist Etta bei Emil zu Besuch, so wie an den meisten Nachmittagen.

Öffnen strengstens verboten! steht dick mit Filzstift auf dem Karton geschrieben. Das ganze Jahr stand er hinter Emils Bett, seit letztem Weihnachten, getarnt unter einem Stapel Plüschtiere und einer Kuscheldecke. Sicher ist sicher, hat sich Emil gedacht. Schließlich ist darin ein verzaubertes Honigkuchenhäuschen versteckt! Und sein Papa hätte es schon einmal in einem Heißhungeranfall fast aufgefuttert.

Etta öffnet vorsichtig den Karton und faltet das Seidenpapier und die Knallfolie auseinander, mit der Emil das Häuschen zum Schutz eingewickelt hat. Sie linst durch das Dachfenster ins Innere. „Ich seh gar nichts. Nur kahle Honigkuchenwände."

„Weil heute erst der 30. November ist", erklärt Emil. „Nur vom 1. Dezember bis zum 24. Dezember können die Honigkuchenfeen durch ihre Häuschen in die Welt hineinhorchen', hat Tante Tilly gesagt. Und deswegen können wir auch erst im Dezember durch das Häuschen nach Lappland reisen."

Tante Tilly kennt sich aus. Früher hat sie selbst als Honigkuchenfee in der gemütlichen Backstube gearbeitet und mit ihren Zauber-Honigkuchen dafür gesorgt, dass sich jeden Dezember die Weihnachtsfreude in der Welt verbreitet. Etta kann es kaum erwarten, wieder in Lappland zu sein, mit Tillys Nachfolgerin Holla den Teig zu kneten und dabei ein paar Mandeln zu naschen, während es draußen schneit und drinnen der Holzofen wohlig bullert. Obwohl, letztes Jahr wurde es dann ziemlich schnell gar nicht mehr so gemütlich, sondern ein bisschen stressig, weil Holla die wichtigste Zutat für ihre Zauber-Honigkuchen fehlte. Schuld daran war der fiese Schmolltroll. Aber das ist eine andere Geschichte. Jedenfalls freut sich Etta riesig darauf, Holla und ihren Lehrling Pernille wiederzusehen, und noch mehr auf etwas anderes, etwas ganz Großes und streng Geheimes, was sie bisher noch nicht einmal ihrem besten Freund verraten hat.

Emil räumt einen Kaktustopf vom Fensterbrett, bevor er das Häuschen feierlich wieder an seinen Stammplatz schiebt, wo es auch im letzten Dezember stand. Jetzt kann die Weihnachtszeit kommen.

„Treffen wir uns also morgen?"

„Klar. Gleich nach der Schule!", bestimmt Etta.

„Gleich nach der Schule", bestätigt Emil und begleitet sie noch zur Wohnungstür.

Da hält es Etta nicht mehr länger aus. „Weißt du, was wir diesmal machen, wenn wir in Lappland sind?", flüstert sie, und in ihren Augen blitzt es.

Emil kennt dieses Blitzen. So guckt Etta immer, wenn sie sich etwas ganz Großes und streng Geheimes ausgedacht hat.

„Diesmal treffen wir auch den Weihnachtsmann."

Emil runzelt die Stirn: „Das geht doch gar nicht."

„Warum denn nicht?"

„Weil Holla uns nicht einfach ins Wichteldorf laufen lassen wird. Die darf eigentlich nicht mal über den Weihnachtsmann reden! Wir dürfen auch überhaupt nicht wissen, dass der Weihnachtsmann da wohnt. Und schon gar nicht einfach bei ihm zu Besuch vorbeischauen!"

Etta verdreht die Augen. „Ja – *eigentlich*! Aber erstens waren wir letztes Jahr auch fast schon dort, und zweitens haben wir Holla total geholfen, das Weihnachtsfest zu retten. Deshalb kann uns der Weihnachtsmann echt dankbar sein. Und drittens sind wir jetzt ein ganzes Jahr älter."

Emil sieht da keinen großen Unterschied …

„Du brauchst ja nicht mitkommen, wenn du nicht willst", meint Etta trotzig und zieht sich ihre Schuhe an. Ihren allergrößten und einzigen Weihnachtswunsch dieses Jahr lässt sie sich von Emil ganz bestimmt nicht ausreden.

Morgen geht's los, denkt sie, während sie die zwei Treppenabsätze zu ihrer Wohnung hinunterhopst. Morgen bin ich in Lappland. Und vor Vorfreude bitzelt es wie Knallbrause in ihrem Bauch.

Außer Etta und Emil gibt es noch jemanden, der inzwischen ein Jahr älter ist. Jemanden, der jetzt auf zwei Beinen laufen und sogar schon ein bisschen klettern kann. Der Türen aufmachen, auf Stühle steigen und viele neue Sachen erreichen kann.

„Jonni Tets! Will Tets!", sagt Emils kleiner Bruder, als er am nächsten Morgen das Honigkuchenhäuschen auf dem Fensterbrett entdeckt. Aber Emil ist schon auf dem Weg in die Schule, Mama sucht gerade ihren Schlüssel, und deshalb hört Jonni niemand. Da entscheidet er einfach selbst, dass er schon groß genug ist, um sich den Keks allein zu holen. Er schiebt Emils Schreibtischstuhl ans Fenster, zieht sich hinauf … und jetzt ist er schon ganz nah dran.

2. Tür zu, es zieht!

„Aaaufstehen! Raus aus den Federn!"

„Och nö! Noch fünf Minuten", brummelt Holla und kneift die Augen fester zu. Draußen pfeift der Polarwind, aber unter ihrer dicken Daunendecke ist es so schön warm und kuschelig. Gerade hatte sie einen zaubertollen Traum, von riesigen, perfekt gebräunten Honigkuchen, die in einer endlos langen Polonaise durch ihre Backstube schwebten.

Fast wäre sie wieder eingedöst, da kitzelt es unter ihrer Nase. Einmal … zweimal …

„Pernille! Zum Donnerknispel!", schimpft Holla. Sie weiß genau, wer sie da aus dem Schlaf reißt. So unerträglich kitzelig sind nämlich nur Berglemming-Schnurrhaare.

„Hast du's vergessen: Heute ist der 1. Dezember!", piepst es direkt in ihr Ohr.

Da reißt Holla die Augen auf und ist mit einem Schlag wach. Natürlich! Heute ist der große Tag. Endlich wieder Weihnachtszeit!

„Wir brauchen noch mehr Feuerholz", kommandiert

Pernille ganz übereifrig. „Und die Ausstecher müssen wir auch noch polieren!" Man könnte meinen, dass sie hier die Chefin ist und nicht der Lehrling.

Holla lacht: „Ja, ich komm schon. Aber mach mal keinen Stress! Es ist noch nicht mal richtig hell draußen."

„Oh doch!", erklärt Pernille und klettert geschäftig wieder vom Bett herunter. „Ich mache Stress. So einen Krimi wie letztes Jahr brauche ich nämlich nicht noch einmal."

„Erstens war das nicht meine Schuld, und zweitens war ich da ja noch ganz neu als Honigkuchenfee", verteidigt sich Holla, während sie sich aus dem Bett schält. „Dieses Mal läuft bestimmt alles ganz zaubertoll. Wart ab, du wirst schon sehen."

Sie zieht ihr Nachthemd aus, schlüpft in ihr rotes Kleid und die geringelte Strumpfhose, bringt vor dem Spiegel ihr Zuckerwattehaar wieder in Form und macht sich dann erst mal ein ordentliches Frühstück.

„Mit leerem Magen kann man nun mal keine Honigkuchen backen."

Das sieht Pernille natürlich ein.

Während sie ihren Haferbrei mit Zimt und Spekulatiusstückchen löffelt und das Berglemming-Mädchen ein paar Nüsse futtert, schaut Holla sich in der Backstube um. Die Vorratsgläser in den Regalen sind schon gespült. Aber ordentlich durchwischen sollten sie auf jeden Fall, bevor

Liefer-Elch Ulfrik die Zutaten bringt. Und das Nudelholz wollte sie ölen. Das quietscht nämlich beim Rollen.

Da hört sie plötzlich ein ganz komisches Geräusch. Eine Art krümeliges Krachen. Oder ein bröselndes Knacken?

Pernille ist auch zusammengezuckt. „Was war das denn?"

„Vielleicht hat der Wind draußen etwas umgepustet?"

Holla macht die Tür auf und schaut nach.

„Brrr! Kalt!", mosert Pernille und wieselt sofort in ihr Lieblingseck direkt neben dem warmen Ofen.

Zur Sicherheit zieht Holla schnell ein Paar Stiefel an und läuft einmal um ihr Häuschen herum, um nach dem Rechten zu sehen. Aber alles scheint in Ordnung zu sein. Weil sie schon mal draußen ist, holt sie auch gleich noch ein paar Scheite für den Ofen. Dann geht sie wieder hinein und nimmt sich das quietschende Nudelholz vor.

Aber Pernille ist es immer noch kalt. „Hast du die Tür nicht richtig zugemacht?"

„Die ist zu."

„Also, irgendwie zieht's."

Holla verdreht die Augen: „Papperlapappenstiel! Staub mal lieber das Gewürzregal ab. Dann wird dir schon warm." Sie tröpfelt etwas Öl in den Spalt neben den Haltegriffen und rollt das Nudelholz ein paarmal probeweise auf ihrem Arbeitstisch hin und her. Na bitte, kein Quietschen mehr. Wunderbar.

Pernille hat inzwischen das Regal erklommen und schwingt jetzt ihren kleinen Federwedel wie einen Degen. „Glaubst du, Emil und Etta erinnern sich, dass sie wieder beim Backen mithelfen wollten?"

„*Mithelfen* ist gut – die mussten das letztes Jahr doch so gut wie alleine übernehmen."

„Unter meiner Anleitung!", korrigiert Pernille sie.

„Unter deiner Anleitung", bestätigt Holla mit einem Schmunzeln. „Aber ich glaube, den beiden hat es hier in Lappland sehr gut gefallen. Auch wenn's ein bisschen turbulent war. Oder vielleicht gerade deshalb."

Sie könnte eigentlich mal durchs Dachfenster linsen, ob Emil das Häuschen bereits aufgestellt hat und was die zwei so treiben, überlegt Holla. Nachdem sie das Nudelholz zurück in die Schublade gelegt hat, steigt sie die Leiter ins obere Geschoss hoch.

Und da sieht sie, was es mit dem krümeligen Krachen auf sich hatte: An der Stelle, wo eigentlich ihr schönes Dachfenster war, klafft ein großes, kaltes Loch in der Wand! Wo man im letzten Dezember in Emils Zimmer spitzen konnte, ist jetzt nur schwarzes, grisseliges Rauschen zu sehen, wie bei einem alten Fernseher. Oh nein!

„Hab ich doch gesagt", stellt Pernille fest, die Holla hinterhergeklettert ist. „Hier zieht's!"

3. Lila Kratzestiefel

„Ich geh gleich zu Emil!", ruft Etta, noch während sie ihre nassen Turnschuhe von den Füßen kickt.

Papa kommt aus seinem Arbeitszimmer. „Wie war's in der Schule?", fragt er wie jeden Tag. Da sieht er ihre durchgeweichten Socken. „Mensch, ich hab doch heute Morgen gesagt, dass du deine Winterstiefel anziehen sollst!"

Etta rümpft die Nase. Das sind nicht *ihre* Stiefel, die da im Schuhregal stehen, sondern Sillas alte Stiefel. Etta kann sie nicht leiden, weil das Lila komisch aussieht und sie sich innen irgendwie kratzig anfühlen.

„Sie sind warm, und sie passen dir", stellt Papa fest und sieht Etta vorwurfsvoll an. „Besser als nasse Füße, oder?"

„Ja", knurrt Etta. Immer muss sie alle doofen Sachen auftragen, die ihren Schwestern zu klein geworden sind. Aber heute will sie sich mal nicht darüber ärgern. Heute ist der 1. Dezember, erinnert Etta sich selbst, und gleich geht's ab nach Lappland.

Da klingelt es Sturm an der Tür.

„Hat Bini wieder ihren Schlüssel vergessen?", vermutet Papa und macht auf.

Aber auf der Fußmatte steht nicht Ettas älteste Schwester, sondern Emil. Er macht ein Gesicht, als ob er drei Jahre lang in lila Kratzestiefeln durch den Regen laufen musste, mindestens. Im Arm hält er das Honigkuchenhaus – in dessen Dach ein Loch klafft.

„Jonni hat es kaputt gemacht!", sagt er verzweifelt.

Emil ist ganz kurz davor loszuheulen. Das erkennt Etta an seiner Stimme. Sie weiß, wie er sich anhört, wenn etwas richtig Schlimmes passiert ist. So wie damals, als Emils Lieblingsflummi in den Gulli gefallen ist. Schließlich kennen sich die beiden schon seit dem ersten Tag im Kindergarten.

Als Etta den Schaden am Häuschen genauer ansieht, ist auch ihr gleich zum Heulen zumute: Jonni muss das ganze Dachfenster abgerissen und aufgefuttert haben. Im Innern des kleinen Hauses ist es leer und dunkel. Nur die Wände sind durch das Loch zu sehen, genauso kahl wie gestern.

„Na kommt, das kriegt ihr doch bestimmt wieder repariert", beschwichtigt Papa. „Einfach ein bisschen Zuckerguss drüber, dann passt das schon."

Etta schaut skeptisch, aber eine bessere Idee hat sie im Moment auch nicht.

Papa stellt ihnen in der Küche eine Packung Puderzucker und eine Zitrone bereit. Dann muss er wieder an seinen Computer. Während Emil die Zitrone auspresst, stöbert Etta im Vorratsschrank.

„Das Fensterbrett war aus Butterkeks, glaube ich."

Zum Glück haben sie noch eine angebrochene Schachtel da. Fehlen bloß der grüne Fensterrahmen und die Scheibe.

Emil matscht in einem Schälchen aus Zitronensaft und Zucker eine zähflüssige Masse zusammen. Dann halbiert er schon mal einen Keks und versucht, den an den unteren Rand des Lochs zu kleben.

„Warte, ich helfe dir!"

Etta hält den Butterkeks an die richtige Stelle, damit Emil sich aufs Pinseln konzentrieren kann. Aber der Zuckerguss macht überhaupt keine hübschen Eiszapfenformen wie an den anderen Fenstern. Er klebt nicht mal richtig, sondern fließt in hässlichen Batzen das Honigkuchendach hinunter. Bald hängt das Fensterbrett immer schiefer. Als Etta es wieder richten will, zerbröselt der blöde Butterkeks zwischen ihren Fingern.

„Mist!", schimpft Etta. „So wird das nichts."

Emil nickt: „Wir brauchen Hilfe."

Ratlos sehen die beiden Freunde einander an … bis sie genau im selben Moment dieselbe gute Idee haben: „Wir rufen Tante Tilly an!"

4. Tante Tillys Reparaturservice

Tilly ist die Tante von Emils Mama und ungefähr so alt wie eine Oma. Als Emil sie anruft, sitzt sie gerade beim Friseur unter der Trockenhaube. Wenn alte Damen in Rente sind, verbringen sie erstaunlich viel Zeit beim Friseur, findet Etta. Tilly bedauert sehr, dass sie den beiden nicht sofort helfen kann, aber sie muss gleich noch zur Chorprobe. Sie verspricht, morgen in aller Frühe bei Emil vorbeizuschauen und das Honigkuchenhäuschen zu reparieren.

Und Tante Tilly hält Wort. Emil und Etta haben sich ganz bald fertig gemacht und warten schon aufgeregt, als sie am Samstagmorgen mit ihren frischfluffigen Oma-Haaren und einem großen Beutel Backzutaten vor der Tür steht. Emils Papa hat noch seinen Schlafanzug an. Das ist ihm ein bisschen peinlich. Aber Tilly marschiert einfach an ihm vorbei in die Küche und schaltet schon mal den Backofen an – 160 Grad, Ober- und Unterhitze.

„Wir brauchen noch Weizenmehl, Milch und ein Ei",

weist sie Emil und Etta an, bevor sie die restlichen Zutaten auf der Arbeitsfläche auspackt.

Emil schließt die Küchentür hinter sich, und dann bereiten die drei gemeinsam eine kleine Portion Honigkuchenteig zu. Sie vermessen das Loch im Häuschen ganz genau und modellieren aus dem Teig eine Dachgaube, die perfekt hineinpasst. Tilly schneidet feinste Honigkuchenstreifen für den Fensterrahmen zurecht. Sie bröselt durchsichtige Bonbons in die Zwischenräume, sodass die beim Backen schmelzen und eine tolle Fensterscheibe ergeben. Als alles abgekühlt ist, malt sie den Fensterrahmen mit einem feinen Pinsel und etwas Lebensmittelfarbe grün an.

„Du kannst das ganz schön gut!", findet Etta.

„Ich war ja mal Konditorin", schmunzelt Tilly.

„Und dann hast du dich als Honigkuchenfee beworben?", hakt Etta nach.

Tilly lacht: „Nee, nee. Bewerben kann man sich dafür nicht. Das ist ja ein ganz geheimer Beruf! Honigkuchenfeen werden vom Weihnachtsmann persönlich berufen."

Beim Stichwort *Weihnachtsmann* fangen Ettas Augen an zu leuchten: „Du kennst ihn bestimmt gut, oder?"

Aber Tilly hat ihn tatsächlich nur ein einziges Mal persönlich getroffen, an dem Tag, als sie ganz offiziell zur Honigkuchenfee ernannt wurde. „Wenn ich irgendwas besprechen musste, haben das seine Wichtel organisiert."

„Meine Mama glaubt immer noch, dass du eine Bäckerei in Lappland hattest", erzählt Emil und muss lachen. „Aber was das für eine Bäckerei war, das weiß sie nicht."

„Das behalten wir auch schön weiter für uns", flüstert Tilly und zwinkert den Freunden zu. „Zum Glück ist nie jemand auf die Idee gekommen, mich im hohen Norden zu besuchen. Sonst hätte ich ganz schön schwindeln müssen."

Dann füllt sie eine Portion Zuckerguss in ihre Stofftülle und klebt damit sorgfältig die Dachgaube, das Fenster und das Butterkeks-Brett mit perfekt geschwungenen Eiszapfen an die richtige Stelle. Toll sieht das Häuschen jetzt aus. Fast noch besser als vorher.

„Ein bisschen müsst ihr euch noch gedulden", erklärt Tilly. „Aber sobald der Zuckerguss getrocknet ist, sollte es wieder funktionieren."

„Kommst du dann mit uns nach Lappland?", fragt Emil.

„Nee, nee", winkt Tante Tilly ab. „Das ist jetzt Hollas Backstube. Ich habe sie ihr an meinem letzten Arbeitstag übergeben. Als ich eine junge Honigkuchenfee war, hätte ich auch nicht gewollt, dass mir meine Vorgängerin auf die Finger schaut."

Etta ist hibbelig vor Vorfreude. „Sollen wir das Haus zum Trocknen an dein Fenster stellen?", fragt sie Emil. Aber der schüttelt den Kopf: „Ich glaube, dieses Jahr ist es bei dir sicherer."

„Gute Idee", findet auch Tante Tilly.

Etta strahlt.

Vorsichtig tragen die beiden Freunde das Häuschen nach unten in Ettas Zimmer. Sie stellen es neben den Schreibtisch, der mal Bini gehört hat, auf die alte Kommode, die vorher Sillas war. Etta holt noch ein paar Tannenzweige und verteilt ein bisschen Sternchenkonfetti als Deko drum herum. Richtig schön sieht das aus.

Gerade als Emil und Etta überlegen, ob sie jetzt lieber in den Hof gehen oder Karten spielen wollen, funzelt es auf einmal hinter dem Dachfenster. Ein warmes weihnachtliches Licht leuchtet durch die rot gemusterte Gardine, die doch eben noch nicht dort hing.

„Guck!", ruft Etta aufgeregt. „Holla ist wieder da!"

Emil geht mit dem Ohr ganz nah ans Häuschen. Er kann zwei Stimmen hören. Was sie sagen, ist nicht zu verstehen. Aber dass sie miteinander kabbeln, so viel ist klar.

„Pernille auch", grinst er.

Aufgeregt bricht Etta einen Zuckereiszapfen von der Dachkante ab und gibt Emil auch einen. Die sehen nicht nur hübsch aus, sondern sind auch so etwas wie essbare Zauber-Eintrittskarten, mit denen man nach Lappland gelangt. Endlich kann's losgehen, denkt Etta. Endlich steht ihrem großen Weihnachtswunsch nichts mehr im Weg.

5. Überraschungsbesuch

Süß und ein bisschen zitronig schmeckt der Zuckerzapfen, genau wie letztes Jahr. Kaum ist er auf Ettas Zunge zergangen, fängt es auch schon an, in ihren Ohren zu rauschen. Wie ein Sturm, der sich zusammenbraut, hört sich das an. Ihr Zimmer scheint sich um sie herum aufzublähen. Aber Etta weiß, dass es eigentlich umgekehrt ist: Sie und Emil schrumpfen immer kleiner zusammen, bis sie in einem Strudel aus Nordwind und Schneegestöber – *Wusch!* – in das Dachfenster des Honigkuchenhäuschens hineingesaugt werden.

Während die Zeit zu Hause sich jetzt ein ganzes Stück langsamer weiterdreht, landen Emil und Etta mit einem *Plumps!* – und zurück in ihrer richtigen Größe – auf Hollas buntem Flickenteppich, auch genau wie letztes Jahr.

„Ach schön, da seid ihr ja wieder", freut sich die Honigkuchenfee.

„Wir warten schon ewig auf euch!", ruft Pernille von ihrem Lieblingsplatz am Ofen.

Zufrieden besieht sich Holla die neue Dachgaube. „Die habt ihr wirklich zaubertoll hinbekommen. Macht meine Backstube noch hübscher und heller."

„Tante Tilly hat uns geholfen", gibt Emil ehrlich zu.

„Hauptsache, es zieht nicht mehr so fürchterlich", meint Pernille energisch. „Und jetzt kommt mal runter, damit ich sehen kann, wie groß ihr inzwischen geworden seid!"

Etta klettert schnell die Leiter nach unten, um den pelzigen Bäckerlehrling richtig zu begrüßen. Während sie Pernilles Ohren krault, schaut sie sich in der Backstube um. Alles ist blitzblank geputzt und bereit für den großen Einsatz. Die Ausstechformen glänzen frisch poliert, und im Ofen brennt schon ein wohligwarmes Feuer.

„Ist Ulfrik noch nicht da?", erkundigt sich Emil, als er die leeren Vorratsgläser sieht.

„Der kommt bestimmt gleich", versichert Holla.

Wie aufs Stichwort klopft es auch schon an der Tür. Holla geht schnell öffnen.

„Hallo, Ulfr…", ruft Etta. Doch dann stockt sie. Das ist nicht der nette, große honigkuchenbraune Liefer-Elch … sondern der zottelige Schmolltroll mit der grünen Kartoffelnase! Der Typ, wegen dem es letztes Jahr fast kein Weihnachten gegeben hätte. Sein Schmerbauch hängt jetzt noch tiefer, und seine Augen sind unter dem grauen Fell kaum zu erkennen.

Pernille hält sofort die Luft an, denn der Nachbar riecht etwas streng, nach reifem Bergkäse und alten Socken. Besonders, wenn man so eine feine Nase hat wie ein Berglemming.

„Hallo, Holla", brummelt der Troll. „Ich, ähm … ich wollte dich was fragen. Ob du vielleicht ab und an mal die Topfpflanzen in meiner Höhle gießen könntest. Also, um Weihnachten rum."

„Du fährst weg?", fragt Holla überrascht nach.

Er nickt. „Ich habe eine Kreuzfahrt gewonnen. Bei einem Preisausschreiben."

„Ach, das ist ja toll", freut sich Holla für ihn. „Herzlichen Glückwunsch!"

Emil und Etta sehen einander ungläubig an: Der Schmolltroll will über Weihnachten in Urlaub fahren?

„Joah, ich dachte, das wär mal 'ne Idee …", meint der Schmolltroll. Weil die letzten Dezemberwochen für ihn immer so ein Gräuel sind, wolle er die Gelegenheit nutzen und stattdessen durch die Südsee schippern, erklärt er. Zurückkehren in seine Höhle auf dem Berg Korvatunturi werde er erst kurz vor Silvester. Dann ist es längst wieder vorbei mit dem grässlichen Plätzchenduft, dem Glöckchengebimmel und Geschenkpapiergeraschel, das jedes Jahr aus dem Wichteldorf zu ihm hinaufdringt, und der Troll kann die nächsten elf Monate einfach ignorieren,

dass der Weihnachtsmann ausgerechnet am Fuße seines Bergs wohnt.

„Eine großartige Idee", strahlt Holla. „Und mach dir um deine Pflanzen keine Sorgen. Da kümmere ich mich gerne."

„Danke", sagt der Schmolltroll. Einen Moment lang steht er noch unschlüssig auf der Fußmatte, bevor er seine zottelige Pranke hebt. „Na dann … Vielleicht sehen wir uns ja im neuen Jahr."

„Machen wir", verspricht Holla. „Schönen Urlaub!"

Emil winkt dem Troll auch noch einmal zaghaft zu, bevor der sich umdreht und wieder losstapft.

Etta sieht dem fiesen Weihnachtsfeind nach, wie er grau und zottelig auf seinen Riesenfüßen durch den tiefen Schnee trottet. Sie runzelt die Stirn. Ein Schmolltroll auf Kreuzfahrt? Pah, wer's glaubt!

6. Einmal Schurke, immer Schurke

„Findet ihr das nicht komisch?", fragt Etta, nachdem Holla die Tür hinter dem Schmolltroll wieder geschlossen hat.

Emil lacht: „Dass er Topfpflanzen hat?"

„Nein, die ganze Geschichte. Wenn er einfach über Weihnachten in Urlaub fahren kann, warum hat er das nicht letztes Jahr schon getan, anstatt herumzuschmollen und Holla Ärger zu machen?"

Die Honigkuchenfee zuckt die Schultern: „Vielleicht ist er einfach nicht auf den Gedanken gekommen?" Das passiert ja manchmal: Man ist so fürchterlich sauer, dass man vor lauter Ärger die einfachsten Lösungen nicht sieht.

„Oder vielleicht könnte er sich auch gar keinen Urlaub leisten, wenn er ihn nicht gewonnen hätte?", wirft Emil ein. Er glaubt dem Schmolltroll.

Aber Etta bezweifelt das. „Ich wette, der behauptet das nur, damit wir denken, dass er weg ist. Und dann schleicht er sich wieder in die Wetterküche und schickt einen Schneesturm oder irgendwas, sodass Ulfrik nicht alle Zutaten bringen kann. So wie letztes Jahr. Und dann gibt es keine Honigkuchen und Weihnachtsstimmung in der Welt, und der Troll sitzt auf seinem Berg und lacht fies!"

„Unsinn", findet Holla. „Der Schmolltroll ist vielleicht ein bisschen … anders. Aber seit wir zusammen Mau-Mau gespielt haben, sind wir ja so was wie Freunde. Ich glaube, der hat verstanden, dass es gemein ist, anderen das Weihnachtsfest zu vermiesen."

„Hast du ihn denn öfter getroffen?", hakt Etta nach.

„Na ja, nee", räumt Holla ein. Erst mal hat sie ihren wohlverdienten Winterschlaf gemacht, und im Sommer war dann auch schon wieder viel zu tun. Zwei-, dreimal sind sie sich in den Wäldern am Berg Korvatunturi, wo der Troll wohnt, über den Weg gelaufen. „Wir müssen unbedingt mal wieder Mau-Mau spielen", haben sie gesagt, und dann ist doch nichts draus geworden.

Etta kann es nicht glauben: Offenbar merkt niemand außer ihr, dass hier was faul ist! „Klar findet der es nett, wenn du mit ihm Mau-Mau spielst. Aber das heißt ja noch lange nicht, dass er jetzt auch auf einmal Weihnachten toll findet." Aufgebracht tigert sie vor dem Ofen hin und her. „Überlegt mal! Wir haben ihm vorgespielt, dass Heiligabend vorbei ist. Wir haben so getan, als ob Silvester wäre, damit er dich in Ruhe lässt und seinen Winterschlaf macht. Was, wenn er kapiert hat, dass er veräppelt wurde?"

Da hat Etta schon irgendwie recht, überlegt Emil. Angenommen, der Schmolltroll ist aufgewacht, als es ein paar Tage nach ihrem Besuch plötzlich im Wichteldorf wieder nach Plätzchen duftete und Glöckchen bimmelten? Dann wäre ihm aufgefallen, dass da was nicht ganz stimmt.

„Der wäre bestimmt stinksauer", unkt Pernille.

Etta macht ihr Siehste-hab-ich-doch-gesagt-Gesicht.

„Ich glaube, der war nach unserem langen Mau-Mau-Abend so zufrieden, dass er drei Monate durchgeschlafen und gar nichts mitbekommen hat", meint Holla. Aber ganz sicher kann sie sich nicht sein.

Da plötzlich spitzt Pernille ihre feinen Öhrchen: „Ich höre was – draußen!"

Etta stürzt sofort ans Fenster. Tatsächlich: Mitten in den endlosen, schneebedeckten Hügeln ist ein honigkuchenbrauner Fleck zu sehen. Der braune Fleck kommt langsam näher. Er trägt eine bunte Mütze und einen grün gemusterten Schal und zieht einen vollbeladenen Schlitten hinter sich her.

Emil reißt die Tür auf und winkt: „Ulfrik! Haaallooo!"

Freudig röhrt der Liefer-Elch auf und winkt mit seinem Schaufelgeweih.

„Was für eine außerordentliche Freude!", schnauft er etwas außer Atem, als er ein paar Minuten später endlich vor Hollas Häuschen zum Stehen kommt.

Die Ladung muss ziemlich schwer sein, denkt Etta, denn besonders schnell gelaufen ist er nicht.

Nachdem alle Ulfrik fröhlich begrüßt haben, will Holla sich sofort ans Auspacken machen. Geschäftig schnürt sie die Plane ab, die die Zutaten bedeckt. Etta hilft ihr. Aber Emil fällt auf, dass Ulfrik sich mit der Nase den rechten Vorderknöchel reibt.

„Ist etwas mit deinem Bein?", fragt er.

„Nein, nein", wiegelt Ulfrik ab und dreht sich schnell zur anderen Seite. „Ich habe mir nur ein bisschen den Huf vertreten. Nicht der Rede wert."

„Du kannst dich ja erst mal ein wenig ausruhen, während wir backen", meint Holla.

„… *wenn* wir alle Zutaten haben", ergänzt Etta und sieht Ulfrik forschend an. Letztes Jahr hat ausgerechnet die allerwichtigste Zutat gefehlt. Und daran war natürlich der Schmolltroll schuld, der nächtelang mit Wolken aus der Wetterküche das Nordlicht verdeckt hat.

„Aber selbstverständlich!", bestätigt Ulfrik. „Ich habe meine Liste dreimal überprüft."

Jetzt macht Emil sein Siehste-hab-ich's-dir-doch-gesagt-Gesicht.

„Wunderbar! Dann können wir ja loslegen, beim Blechzahn", freut sich Holla und schleppt schon den ersten Mehlsack in die Backstube.

7. Ettas großer Weihnachtswunsch

Palettenweise Eier tragen Etta und Emil nach drinnen. Pernille füllt vorsichtig mit einem Trichter die Gewürzdosen: Zimt, Nelken, Kardamom und Muskat. Holla stellt zehn große Schraubgläser voll grünlich glitzernden Nordlichtstrahlen ganz oben ins Regal. Mit der allergeheimsten Geheimzutat muss man besonders vorsichtig sein, wie alle sehr gut wissen.

„Was machst du eigentlich den ganzen Sommer lang, wenn du keine Honigkuchen backen musst?", fragt Etta. „Urlaub?"

„Schön wär's", lacht Holla und rollt ein schweres hölzernes Fass unter ihrem Arbeitstisch hervor. Sie zieht den Stopfen heraus. Dickflüssiger goldgelber Honig klebt daran. „Probier mal!"

Etta nimmt einen kleinen Löffel und kostet. Mhmm!

„Feinster lappländischer Blütenhonig", erklärt Holla stolz. „Den ernten wir Honigkuchenfeen selber. Den ganzen Sommer bin ich dafür mit den Bienen durch die Wälder gewandert." Sie lächelt bei der Erinnerung. „Na ja, ein bisschen wie Urlaub war das schon."

„Wo sind denn die anderen Honigkuchenfeen? Auch hier in Lappland?", will Etta neugierig wissen.

„Nee, nee. Auf jedem Kontinent gibt es eine Honigkuchenfee", belehrt sie Pernille. „Also außer in der Antarktis. Da wohnt ja kaum jemand. Eine lebt in den Drakensbergen in Südafrika, eine im tiefsten Sibirien. Eine in Nordamerika, eine in Südamerika, eine in Australien."

„Und hier in Europa bin ich das", bestätigt Holla. „Jede Honigkuchenfee ist alleine für die Weihnachtsfreude auf ihrem Kontinent zuständig. Deswegen muss ich jetzt mal schnell aus dem Dachfenster horchen, wie der aktuelle Stand ist, bevor wir uns ans Backen machen."

Etta ist neugierig, wie das funktioniert. Letztes Jahr war sie da noch nicht dabei. Sie schaut genau zu, während Holla langsam am Fensterknauf dreht und ihr Ohr an das Ende der Gardinenstange drückt. Etta stellt sich vor, dass Emils kleines Honigkuchenhäuschen wie ein Funkempfänger funktioniert, der mit ganz feinen Sensoren aus ihrem Zimmer hinaus in die Stadt horcht

und noch viel weiter, in alle Länder von Estland bis Portugal und sogar bis in die südlichste Stiefelspitze von Italien. Wenn sie ganz leise sind, können sie es auch hören: Erst ein Rauschen wie aus einem Radio, an dem der Sender nicht richtig eingestellt ist, dann ein Stimmengewirr von Hunderttausenden Menschen gleichzeitig, Straßenlärm, klingelnde Telefone … dazwischen hier und da mal ein paar Töne eines Weihnachtslieds.

Je länger sie zuhören, desto tiefer werden die Furchen auf Hollas Stirn. „Nicht gut. Gar nicht gut", murmelt sie. Die Weihnachtsstimmung scheint noch ziemlich mau zu sein. „Wir werden dieses Jahr besonders viele Honigkuchen backen müssen, damit es bis Heiligabend schön weihnachtlich wird!"

Zum Glück ist erst der 2. Dezember. Sie haben also noch reichlich Zeit.

„Sollen wir vielleicht doch noch mehr Nordlicht sammeln?", schlägt Etta eifrig vor, und in ihren Augen blitzt es.

Emil ahnt natürlich, warum sie das tut.

Weil sie unbedingt wieder zum Berg Korvatunturi will, wo nicht nur der Schmolltroll, sondern auch der Weihnachtsmann mit seinen Wichteln lebt.

Und den will Etta unbedingt treffen.

Aber Holla winkt ab: „Zehn Gläser reichen dicke. Da hab ich sogar noch reichlich über für nächstes Jahr!"

„Ich kapier echt nicht, warum dir das mit dem Weihnachtsmann so wichtig ist", flüstert Emil Etta zu, während sie den großen Topf auf den Herd stellen und Wasser und Zucker hineinschütten. „Sogar Tante Tilly und Holla haben ihn nur ein einziges Mal gesehen. Bestimmt durfte noch kein Kind überhaupt jemals ins Wichteldorf."

„Dann werde ich eben das allererste Kind sein", flüstert Etta zurück und schaut dabei so entschlossen, als hätte sie gerade mit dem Fuß aufgestampft. Zu Hause darf sie nie die Allererste in irgendwas sein. Das ärgert Etta schon eine ganze Weile. Wenn sie rauskriegt, wie man auf Schlittschuhen rückwärtsfährt, dann kann Silla das schon seit zwei Jahren. Wenn sie zum ersten Mal Riesenlooping-Achterbahn fährt, dann hat Bini das schon hundertmal gemacht. Nicht mal die lila Kratzestiefel durfte sie zuallererst tragen.

Irgendwie krieg ich das hin, denkt Etta, und wieder knallbrausebitzelt es in ihrem Bauch. Sie wird den Weihnachtsmann treffen und ihm die Hand schütteln und schauen, ob er genauso nett und breit und bärtig ist, wie sie ihn sich vorstellt. Auch wenn Holla das wahrscheinlich für keine gute Idee hält. Aber schließlich ist das Ettas allergrößter Weihnachtswunsch dieses Jahr.

8. Hinkefuß

Kling, Glöckchen, klingelingeling summt Holla, während sie die Eier mit den gemahlenen Gewürzen schaumig schlägt. Emil und Etta bringen den angewärmten Honig vom Herd. Jetzt wird alles mit dem Mehl zusammengemischt und fest geknetet. So lange, bis ein glatter, glänzender Teig entsteht. Den legt Holla dann in einen riesigen Henkeltopf. Darin muss er über Nacht ruhen, damit die Gewürze ihren Geschmack entfalten können.

„Könntest du ihn kühl stellen?", bittet Holla Ulfrik.

„Aber selbstverständlich", antwortet Ulfrik höflich.

Doch irgendwas sagt Etta, dass er gerade lieber in der Ecke am Ofen auf dem bunten Flickenteppich liegen bleiben würde. Der Elch rappelt sich hoch, nimmt den Henkel in die Schnauze und macht sich auf den Weg zur Tür. Er läuft anders als sonst auf seinen langen, staksigen Beinen. Irgendwie schwankend. Den rechten Vorderhuf setzt er kaum auf dem Boden auf. Im Türrahmen stolpert er plötzlich, sein Bein knickt ein, und er kann sich nur mit

Mühe wieder hochrappeln. Da wird Etta klar, was los ist: Von wegen „nur ein bisschen den Huf vertreten". Das war eine glatte Untertreibung. Ulfrik humpelt!

„Ach du heiliger Strohsack!", entfährt es Holla.

„Geht schon, geht schon", wiegelt Ulfrik ab. Dabei beißt er die Zähne zusammen, weil ihm in Wirklichkeit jeder Schritt wehtut.

Schnell nehmen Etta und Emil ihm den Topf ab und stellen ihn draußen gut geschützt nahe der Hauswand unter eine Fichte. Als sie wieder in die Backstube kommen, wickelt Holla einen Kühlverband um Ulfriks Knöchel.

„Also, was ist da passiert?", bohrt Holla nach.

Ulfrik schlägt verschämt seine langen Ohren über die Augen: „Nun ja … Es ist mir etwas unangenehm … aber auf dem Weg hierher bin ich dem Sch-Sch-Sch-Schmolltroll begegnet." Sein Nackenfell sträubt sich ein wenig bei der Erinnerung. Etta weiß noch genau, wie der arme Elch letztes Jahr jedes Mal in Panik geriet, wenn sie nur in die Nähe des Schmolltrolls kamen. Denn der ist gefährlich und unberechenbar, hat Ulfriks Großvater immer gesagt. Mit Recht, denkt Etta.

„Hat er dir ein Bein gestellt? Oder eine Falle gegraben?"

„Nein, nein, nein. Er hat mich überhaupt nicht gesehen", stellt Ulfrik klar. „Es war ganz allein meine Schuld. Ich habe ihn gerochen, in dem kleinen W-W-W-Waldstück nicht weit von hier. Er kratzte und rüttelte an einem Baum herum. Das konnte ich durchs Gebüsch sehen. Der Baum schwankte schon ganz f-f-f-fürchterlich, als ob er gleich umfallen würde! Da wollte ich mich sch-sch-sch-schnellstens verstecken."

Das kann Etta sich gut vorstellen.

„Ich bin mit dem Schlitten vom Weg ab, einen kleinen Abhang hinunter. Aber meine Knie haben so f-f-f-fürchterlich geschlottert. Da bin ich ausgerutscht …", erklärt Ulfrik kleinlaut.

„Oje, so ein Pech", seufzt Holla. „Dabei wäre das gar nicht nötig gewesen. Der Schmolltroll war nur kurz bei mir, um Bescheid zu sagen, dass er in den Urlaub fährt."

Etta ist da anderer Meinung. „Moment! Kommt euch das überhaupt nicht komisch vor? Dass der rein zufällig im selben Wald an Bäumen herumrüttelt, wo Ulfrik durchlaufen muss, um zur Backstube zu kommen?!"

Emil runzelt die Stirn. „Meinst du, er wollte den Baum umwerfen?"

„… um ihm den Weg zu versperren", bestätigt Etta. „Oder schlimmer: Er wollte mit dem Baum den Schlitten kaputt machen."

Ulfrik reißt erschrocken die Augen auf. „Das wäre ja u-u-u-ungeheuerlich!"

Dass es dazu nicht kam, liegt nur daran, dass der Liefer-

Elch vor lauter Angst einen großen Umweg durch tiefen Schnee gefahren ist, glaubt Etta.

„Papperlapappenstiel", meint Holla. „Bestimmt gibt es eine ganz einfache Erklärung, warum Schmolltrolle manchmal an Bäumen kratzen. Wir haben jetzt ein viel größeres Problem!"

Da hat sie leider recht. Ulfriks Bein fühlt sich trotz Kühlverband heiß und geschwollen an. Spätestens in ein paar Tagen müsste der Elch mit dem vollbeladenen Schlitten losziehen, damit er die Zauber-Honigkuchen rechtzeitig ausliefern kann. Er würde wie jedes Jahr einen Zuckereiszapfen naschen (von der gleichen Sorte, wie sie an Emils Häuschen hängen) und damit in die Welt hinausreisen. Im Schutz der Dunkelheit würde er durch Länder, Städte und Dörfer fahren, zu Weihnachtsmärkten und Kindergärten, Bäckereien und Bürokantinen. Überall würde er heimlich Hollas Blechdosen voller Honigkuchen verteilen, damit es an Heiligabend wieder richtig schön weihnachtlich werden kann. Aber im Moment kann Ulfrik kaum noch laufen, geschweige denn, einen Schlitten ziehen. Kein Schlitten – keine Honigkuchenlieferung. Keine Honigkuchen – kein Weihnachtszauber. Etta weiß genau, wem ein Weihnachten ohne Liefer-Elch ganz wunderbar in den Kram passen würde …

9. Ofenrohrpost

„Es tut mir entsetzlich leid, Holla", flüstert Ulfrik am nächsten Morgen mit einem dicken Kloß im Hals. „Aber ich fürchte, du musst dich nach Ersatz umsehen."

Emil und Etta sind auch am Sonntag wieder früh aufgestanden und, ohne dass es ihre Eltern gemerkt haben, durch das Dachfenster nach Lappland gerutscht, um Holla beim Backen zu helfen.

„Könntest du nicht den Weihnachtsmann anrufen?", schlägt Etta vor und tut dabei so, als wäre ihr diese Idee gerade eben erst eingefallen. „Der kann uns doch bestimmt helfen!"

Aber Holla schiebt dem sofort einen Riegel vor: „Im Dezember hat der Weihnachtsmann mehr als genug zu tun. Nee, nee, das muss ich schon selber organisieren!"

Während Etta und Emil den Teig ausrollen – schön gleichmäßig, fingerdick, wie Pernille es ihnen beigebracht hat –, schreibt Holla einen Brief:

An alle lappländischen Liefer-Elche

Leider hat sich Ihr Sohn / Neffe / Bruder /
Enkel / Cousin / Freund Ulfrik den Knöchel
verstaucht und kann dieses Jahr meine Honigkuchen nicht ausliefern. Es wäre toll, wenn einer
von Ihnen als Aushilfe zu mir kommen könnte.
Danke im Voraus!

Holla Honigkuchenfee

Dann rollt sie den Brief zusammen und macht ein rotes
Schleifchen drum. Sie öffnet die Luke am Ofenrohr und
steckt ihn hinein. *Ffflupp!* macht es … und der Brief ist
weg.

Pernille kichert, weil Etta und Emil so überrascht gucken. „Ofenrohrpost", erklärt sie. „Geht superschnell."

Das ist keine Übertreibung. Kaum hat Etta den ersten
Stern ausgestochen und mit fünf Mandeln verziert, macht
es *Ffflomp!*, und die Antwort trifft ein.

Sehr geehrte Frau Honigkuchenfee,

mit großem Bedauern müssen wir Ihnen mitteilen, dass aktuell leider keine Elche für die Honigkuchenverteilung bereitstehen. Unsere Lieferanten sind mit weihnachtlichen Hol- und Bringdiensten für die Wichtelgemeinde voll ausgelastet oder krankheitsbedingt nicht verfügbar. Wir hoffen sehr, dass Sie anderweitig Ersatz finden.

Hochachtungsvoll

Ihr Liefer-Elch-Koordinationsteam

PS: Bitte richten Sie unsere besten Genesungswünsche an unseren lieben Sohn / Neffen / Bruder / Enkel / Cousin / Freund Ulfrik aus.

„Hmpf", macht Holla, als sie den Brief liest, und zwirbelt ratlos ihre Zuckerwattelocken. „Und jetzt?"

„Also, ich finde ja, dass auch andere Tiere Honigkuchenlieferanten sein könnten – nicht nur die Elche", meldet sich Pernille zu Wort.

Ulfrik schnaubt leise. Seine Familie steht schon seit Hunderten von Jahren im Dienst des Weihnachtsmanns. Da findet er es selbstverständlich, dass eigentlich nur ein echter Liefer-Elch mit dieser vertrauensvollen Aufgabe betraut werden kann – wenn denn einer verfügbar wäre!

„In Australien oder Afrika gibt es doch gar keine Elche", wirft Etta ein. „Was machen die Honigkuchenfeen da?"

„Ginny Gingerbread hat einen Schwarm Trottellummen", erklärt Holla. „Das sind so große schwarz-weiße Wasservögel. Die fliegen die Honigkuchen in Nordamerika aus. Weil es da oben in Neufundland, wo sie wohnt, so viele Inseln gibt, ist das praktischer als mit Elchen."

Etta hat eine Idee. „Wie wär's, wenn du Ginny fragst, ob sie uns ihre Trottellummen ausleihen kann?"

Aber Holla glaubt nicht, dass das funktioniert. „Ginnys Trottellummen sind mit ihren eigenen Honigkuchen ausgelastet. Und wenn sie die ausgeliefert haben und dann erst zu uns über den Atlantik fliegen, wird es viel zu spät."

„Der Weihnachtsmann hätte bestimmt supergute Ideen, was wir machen können", versucht es Etta noch einmal.

Holla tut so, als hätte sie das gar nicht gehört. Emil muss schmunzeln: typisch Etta. Die lässt einfach nicht locker. Aber im Grunde hat sie ja recht.

„Du könntest bestimmt auch die anderen Honigkuchenfeen oder Tante Tilly um Rat fragen", schlägt er vor. „Die kennen sich doch aus."

Für einen kurzen Moment wirkt Holla, als hätte sie versehentlich in eine Zitrone gebissen. Dann lächelt sie wieder zuckersüß: „Wir kriegen das bestimmt auch ganz wunderbar alleine hin."

Hoffentlich, denkt Etta. Aber sie hat so eine Ahnung, warum Holla so denkt. Nämlich weil sie lieber niemanden um Hilfe bitten will. Etta geht das manchmal genauso. Vor allem bei Sachen, die Silla und Bini schon längst können, wie Doppelknoten binden oder Textaufgaben rechnen. „Lass dir doch helfen!", sagt ihr Papa dann immer. Holla ist zwar schon erwachsen, aber alle anderen Honigkuchenfeen sind älter und haben mehr Erfahrung als sie. Kein Wunder, dass es ihr peinlich ist, wenn hier alles schiefläuft. Vor allem nach der Panne im letzten Jahr …

„Wir kriegen das hin", verspricht Etta, und dabei klingt sie so überzeugt, dass sie es sogar selber glaubt. „Du kannst dich auf uns verlassen."

„Danke", sagt Holla. Und diesmal ist ihr Lächeln echt.

10. Dreiundfünfzig Liefer-Lemminge

Als Emil und Etta am nächsten Tag nach der Schule wieder in die Backstube kommen, duftet es ganz wunderbar. Holla hat noch die halbe Nacht gebacken. Die ersten fertig gefüllten Dosen stapeln sich schon an der Wand. Holla summt wieder fröhlich *Kling, Glöckchen, klingelingeling*, während sie Nordlichtstrahlen aus einem Schraubglas über ein Blech schüttelt. Eine durchscheinende grüne Glitzerwolke aus Weihnachtszauber senkt sich auf die Honigkuchen herab.

Etta wundert sich, warum Holla so gute Laune hat, denn Ulfrik liegt immer noch auf dem Flickenteppich und bläst Trübsal. Pernille hat ihm ein paar Kissen in den Rücken gestopft. Sein dick geschwollenes Bein kühlt er in einem Eimer Schnee.

„Ich habe einen Plan", verkündet Holla.

„*Wir* haben einen Plan", berichtigt Pernille und schaut ganz wichtig. „Kommt mal mit!"

Sie führt die Kinder hinter Hollas Häuschen.

„Wow!", macht Emil. Denn im Schnee wuselt es nur so vor Berglemmingen! Dreiundfünfzig pelzige kleine Nager sind es. Alle haben helles Fell und dunkle Flecken, genau wie Pernille – was kein Wunder ist, denn das sind alle ihre Geschwister.

„Darf ich vorstellen: Unsere Aushilfs-Liefer-Lemminge Pekko, Priska, Paavo, Pertti, Pihla, Pelle …"

„Halt! Stopp!", ruft Holla lachend. „Wenn wir jetzt alle Namen aufzählen, dann werden wir ja bis Weihnachten nicht fertig. Aber ich bin natürlich sehr froh, dass ihr alle gekommen seid", fügt sie schnell hinzu.

„Na klar! Sowieso! Keine Frage! Immer gerne!", keckert es durcheinander aus dreiundfünfzig pelzigen Schnauzen. Offenbar sind Pernilles Geschwister richtig begeistert, dass Holla ihnen so eine wichtige Aufgabe anvertraut.

Nur Etta schaut skeptisch. Natürlich weiß sie, dass Lemminge bei ihren Wanderungen oft Hunderte von Kilometern zurücklegen. Das steht im Internet. Aber dabei ziehen sie keine Schlitten.

„Ein Liefer-Elch ist ziemlich stark. Aber gemeinsam sind wir stärker!", erklärt Pernille überzeugt. „Wir liefern die Honigkuchen im Direktversand, ohne Schlitten. Dazu haben wir schon ein paar Trockenübungen gemacht, mit leeren Dosen. Wollt ihr's sehen?"

Natürlich wollen Etta und Emil das.

„Pekko, Priska und Paavo – aufladen", ruft Pernille und pfeift scharf durch die Vorderzähne.

Drei Lemminge schultern gemeinsam eine Keksdose.

„Bereit zum Start!" Wieder stößt Pernille einen schrillen Pfiff aus. Es scheint ihr Spaß zu machen, endlich mal das Sagen zu haben. „Uuund … ab geht's!"

Eifrig schießen die Geschwister los. Leicht ist es sicher nicht, die Dose auf drei Rücken im Laufen auszubalancieren, aber sie schlagen sich tapfer. Zwölf kleine Beinchen wirbeln durch den Schnee. Beeindruckt sehen Etta und Emil zu, wie Pekko, Priska und Paavo in einem Schneetunnel verschwinden und kurz darauf auf der anderen Seite wieder auftauchen, dann wieselflink drei Fichten umrunden und schließlich mit einem für so kleine Tierchen wirklich erstaunlichen Tempo auf die Schuppenwand zusteuern.

„Fertig machen zum Abladen!", ruft Pernille.

Folgsam kommen die Geschwister am Schuppen zum Stehen und lassen ihre Dose vorsichtig zu Boden gleiten.

Etta und Emil klatschen. „Super! Gut gemacht!"

„Dann können wir es ja jetzt mit Inhalt probieren", meint Holla und holt einen Stapel gefüllte Honigkuchendosen aus der Backstube.

„Uff!", machen Pekko, Priska und Paavo, als sie sich eine davon aufladen. „Ganz schön schwer!"

Auch die anderen Lemminge mühen sich mit der Last.

„Aufgepasst! Alles hört auf mein Kommando!", ruft Pernille … um im nächsten Moment entsetzt aufzuquieken: „Was in drei Trottels Namen macht ihr denn da?!"

Pertti, Pihla und der winzige Pelle haben die Dose hochkant gestellt und versuchen, sie wie ein Rad zu rollen.

„So geht's aber einfacher", brummelt Pertti gleichmütig.

„Ihr müsst vorsichtig mit den Honigkuchen sein!", schimpft Pernille. „Weihnachtsfreude in Bröseln will doch kein Mensch essen!"

Grummelnd hieven Pertti, Pihla und Pelle die Dose doch auf ihre Rücken. Aber als sie die ersten Schritte machen, sinkt Pelle von dem Gewicht im Schnee ein. Er rudert wie wild mit seinen kurzen Beinchen und kommt

einfach nicht voran. Pertti und Pihla, die vor ihm laufen, merken das erst, als ihre Ladung schon in Schieflage gerät.

Pernille sieht das Unheil kommen: „Stooopp!"

Zu spät. Schon rutscht die Dose von den Lemmingrücken und knallt mit einem blechernen Scheppern gegen einen Steinbrocken, der aus dem Schnee ragt.

„Das üben wir dann wohl besser noch mal", stellt Pertti trocken fest.

Holla beißt die Zähne zusammen, sagt aber lieber nichts.

Unbeachtet von den anderen, haben Peppi, Pinja und der schlaue Pirkko währenddessen eine bessere Lösung gefunden: Sie futtern einfach einen Honigkuchen weg, damit die Ladung leichter wird. Das harte Training macht ja auch ziemlich hungrig.

„Neeeein!", quietscht Pernille, als sie bemerkt, was die drei treiben. „Sofort aufhören!"

„Dürfen wir die etwa nicht essen?", wundert sich Peppi.

„Auf gar keinen Fall!"

„Nicht mal ein bisschen naschen?"

„Nein!"

„Die sind aber richtig lecker", mampft Pirkko.

„Also mir knurrt auch schon der Magen", mischt sich Pekko ein.

„Gibt's hier gar nichts zu essen?", beschwert sich Priska.

„Also wenn ich das gewusst hätte, wär ich nicht mitgekommen", mault Peppi.

Pernille schnauft aufgebracht. „Dosen zu! Und alle zurück an die Startposition!"

Auf Hollas Stirn zeichnen sich schon wieder die ersten Sorgenfalten ab.

„Etta und ich könnten ja ein paar Honigkuchen mitnehmen und bei uns zu Hause verteilen", schlägt Emil vorsichtig vor. „Nur damit die Weihnachtsfreude schon mal ein bisschen in Schwung kommt, während Pernille die Liefer-Lemminge ausbildet."

„Das wäre vielleicht keine schlechte Idee", meint Holla und zwirbelt ihr Zuckerwattehaar.

11. Ettas Honigkuchenversand

Mit der Zeit ist es irgendwie komisch, findet Etta. Wenn sie bei Holla in der Weihnachtswelt sind, vergeht mehr Zeit als zu Hause. Das hat Emil schon letztes Jahr festgestellt. Es ist, als ob sich die Uhren in ihrer Abwesenheit langsamer weiterdrehen. Dies muss eine Nebenwirkung der Zuckereiszapfen sein, mit denen auch Ulfrik hin- und herreist. Aber zum Ausgleich scheint die Zeit sich zu beschleunigen, sobald sie wieder zurück sind. Wenn der Advent vorher oft dahinzuschleichen schien und die Tage bis Weihnachten sich zogen wie Kaugummi, verfliegen sie dieses Jahr besonders schnell. Vielleicht liegt es aber auch nur daran, dass Etta und Emil so viel zu tun haben. Immer gleich nach dem Mittagessen rutschen sie durch das Dachfenster zu Holla, um einen Schwung Honigkuchendosen abzuholen. Ein paar Minuten mit Ulfrik quatschen, kurz schauen, wie Pernille mit dem Training vorankommt, mehr ist nicht drin. Dann lassen sie sich von dem Zauberschneesturm wieder zurück in Ettas Zimmer befördern.

Den ganzen Nachmittag verbringen sie damit, Weihnachtsfreude zu verteilen – an so viele Leute wie möglich.

Emil bringt eine Dose mit zum Turnverein. Den Erzieherinnen in Jonnis Krippe schenkt er jeweils einen Honigkuchen, und am Lehrerzimmer in der Schule gibt er auch eine Tüte voll ab. Etta geht in der Nachbarschaft von Tür zu Tür. Als sie sieht, dass bei dem Lebkuchengeschäft an der Ecke eine neue Lieferung ankommt, wartet sie, bis gerade niemand hinschaut. Dann tauscht sie heimlich eine Schachtel der stinknormalen Lebkuchen (solche mit den komischen Oblaten unten dran, die immer ein bisschen nach Pappe schmecken) gegen Hollas aus.

Tante Tilly findet zwar, dass Pernilles Geschwister als Ersatz für einen Liefer-Elch vielleicht nicht die beste Wahl waren. Aber sie will sich da lieber nicht einmischen, denn schließlich ist sie in Rente. Und deshalb hilft sie einfach auch mit, bringt Honigkuchen zu ihrem Friseur und zur Fußpflegedame, in den Wollladen, wo sie ihre Strickwolle kauft, und zur Kirchenchorprobe.

Aber das reicht natürlich noch lange nicht. Damit die Weihnachtsstimmung sich nicht nur in ihrer Stadt ausbreitet, beschließt Etta, die Honigkuchen zu verschicken, an alle Leute, die ihr so einfallen. Eine Schulfreundin von Mama zum Beispiel. Die wohnt in Berlin. Ihre Adresse hängt an der Pinnwand in der Küche. Sie freut sich riesig über Ettas Päckchen. Genauso wie Papas Onkel, der nach Portugal ausgewandert ist. Er schickt einen Hefekuchen mit Trockenfrüchten zurück. Das ist eine portugiesische Weihnachtsspezialität. Außerdem bekommt der nette Bauer in Österreich Post, bei dem Etta und ihre Familie mal Urlaub gemacht haben, und Binis Brieffreundin in Italien.

Als Etta niemand mehr einfällt, den sie kennt, schickt sie einfach weiter Päckchen an Leute, die sie nicht kennt: die Oberchefin von Mamas Firma in London, den Weinhändler, bei dem Papa für seine Kunden bestellt hat, und das Reisebüro, dessen Adresse in einem Werbeprospekt steht. Es ist ganz schön viel Arbeit, aber Etta hat das Gefühl, dass es um sie herum schon viel weihnachtlicher wird.

12. Schlimmer geht immer

Als Emil mit Holla ein paar Tage später noch einmal in die Gardinenstange hineinhorcht, ist er ziemlich enttäuscht. Zwar hört man in direkter Nähe des Honigkuchenhäuschens, wo Etta, Tilly und er fleißig waren, schon richtig viel feierliche Weihnachtsfreude. Da wird gesungen und mit Transparentpapier geraschelt, da werden Geschenke verpackt und Plätzchen geknuspert. Aber je weiter die Töne entfernt sind, desto unweihnachtlicher wird das Rauschen. Dabei haben sie sich doch so reingehängt!

Etta ist überzeugt, dass es dafür eine Erklärung gibt: „Das kann doch nur wieder mit dem Schmolltroll zu tun haben! Ich garantiere euch, der hat irgendeinen Trick gefunden, wie er die ganze Welt mit seiner schlechten Laune anstecken kann, damit niemand in Weihnachtsstimmung kommt. Vielleicht schickt er Schmollwolken aus der Wetterküche, die dann überall runterregnen?"

„Glaub ich nicht", widerspricht Holla. Aber auch sie bekommt langsam ein ungutes Gefühl.

„Ich finde, wir sollten zumindest nachsehen. Zur Sicherheit", beharrt Etta.

Und das hat auch wirklich nur ein kleines bisschen damit zu tun, dass sich die Wetterküche auf dem Berg Korvatunturi befindet, der ganz in der Nähe vom Dorf des Weihnachtsmanns liegt.

„Kann ich vielleicht irgendwie behilflich sein?", mischt sich Ulfrik von seinem Flickenteppich aus ein. „Ich komme mir so entsetzlich unnütz vor!"

„Das Wichtigste ist jetzt, dass die Lemminge schnell losziehen", findet Holla.

„Ähm, ja also, zu dem Thema …", meldet sich ein leises Stimmchen von unten zu Wort. Pernille ist gerade zur Tür hereingekommen. „Sie sind weg."

Holla versteht nicht. „Was? Wer ist weg?"

„Meine Geschwister", murmelt Pernille kleinlaut.

Ulfrik schluckt: „Ach du liebes Lieschen."

„Alle?", fragt Emil bang.

„Aber … wieso?", bringt Etta hervor, während sie eilig die Leiter hinunterklettert.

Pernille traut sich kaum, die Freunde anzusehen. „Also, möglicherweise habe ich gedroht, dass ich sie in die Dosen packe und auf den Mond schieße, wenn sie sich nicht ein bisschen mehr anstrengen, und möglicherweise sind sie dann ein bisschen sauer geworden und … na ja …"

„Himmel, Horst und Zwiebelwurz, Pernille!", entfährt es Holla. „Das ist jetzt nicht dein Ernst!"

„Es tut mir leid", schnieft das Lemmingmädchen.

„Das ist alles meine Schuld!", jammert Ulfrik und schlägt seine langen Ohren über dem Kopf zusammen.

„So ein Unsinn! Ich bin schuld!", widerspricht Pernille mit tränenerstickter Stimme. „Ich habe es total verbockt. Du bist krank – und krank ist krank."

Auweia, denkt Etta. Heute ist der 11. Dezember, in der Backstube stapeln sich noch immer die vollen Honigkuchendosen, und Holla steht zum zweiten Mal in dieser Adventszeit ohne einen einzigen Lieferanten da. Fassungslos lässt sie sich auf die Ofenbank sinken und rauft sich das rosa Zuckerwattehaar.

Einen Moment lang herrscht Stille im Häuschen.

„Du, Holla?", setzt Etta dann vorsichtig an und rutscht neben sie auf die Bank. „Mein Papa sagt immer: ‚Wenn man alleine nicht weiterweiß, dann darf man ruhig um Hilfe bitten.'" Eigentlich hasst Etta es, wenn ihr Papa das sagt, denn natürlich ist es immer sie, die Hilfe braucht, während Silla und Bini schon alles alleine können. Aber das ist ja gerade egal. „Meinst du, dass es jetzt vielleicht doch mal Zeit wäre, dem Weihnachtsmann zu schreiben?"

Vehement schüttelt Holla den Kopf: „Auf keinen Fall! Was soll der von mir denken? Am Ende bin ich meinen

Job los, und er sucht sich eine neue Honigkuchenfee. Ich hab schon letztes Jahr nur auf den letzten Drücker geliefert, und das weiß er bestimmt. Der Weihnachtsmann weiß schließlich alles!"

„Aber dann weiß er doch auch, dass wir jetzt in der Klemme stecken", gibt Emil zu bedenken.

Ein gutes Argument, findet Etta.

„Unsere jungen Freunde haben recht", seufzt Ulfrik. „Es ist natürlich allein deine Entscheidung, Holla. Aber falls der Sch-Sch-Sch-Schmolltroll tatsächlich wieder einen ungeheuerlichen Plan verfolgt, wie Fräulein Etta glaubt, dann sollten wir es besser nicht alleine mit ihm aufnehmen."

Holla sieht von Emil und Etta zu Pernille, die wie ein Häuflein Elend auf ihrem Holzstapel hockt. Sie schnauft tief durch. Dann gibt sie sich einen Ruck. „Na gut. Weil ihr mir ja eh keine Ruhe lasst."

13. Hollas Hilferuf

Holla springt über ihren Schatten, nimmt einen feinen Briefbogen zur Hand und schreibt an ihren Chef:

An den Weihnachtsmann

Leider habe ich schlechte Nachrichten. Wegen einer Verkettung unglücklicher Umstände kann ich die Honigkuchen nicht ausliefern. Wie Sie vielleicht ohnehin schon wissen, schmerzt Ulfriks Knöchel immer noch, und die Berglemminge sind über alle Berge. Ehrlich gesagt, weiß ich nicht mehr, was ich jetzt machen soll. Ich hoffe sehr, dass Sie mir helfen können.

Mit weihnachtlichen Grüßen

Holla Honigkuchenfee

Ffflupp! macht es, als der Brief im Ofenrohr verschwindet.

Ffflomp! macht es, als nur wenige Minuten später die Antwort eintrifft.

Nervös holt Holla das Schreiben aus der Luke und zieht die Schleife auf, mit der es verschnürt ist.

„Lies vor!", drängelt Etta gespannt.

Holla räuspert sich.

Liebe Frau Honigkuchenfee,

danke für Ihren Brief. Ich habe soeben Rücksprache mit dem Weihnachtsmann gehalten und freue mich, Ihnen mitzuteilen, dass uns eine Lösung eingefallen ist. Da Sie ja ganz in der Nähe wohnen, könnten Sie die Honigkuchen zu uns ins Wichteldorf am Korvatunturi bringen – bitte bis allerspätestens übermorgen früh, acht Uhr. Der Weihnachtsmann wird sein persönliches Schlittengespann am internationalen Rentierflughafen für den Transport zur Verfügung stellen. Einer unserer Kutschmeister wird die Auslieferung begleiten. Bitte finden Sie sich pünktlich ein. Ein späterer Termin ist leider nicht möglich, denn die Rentiere müssen sich vor Heiligabend ausruhen. (Das ist natürlich nur eine Notlösung. Nächstes Jahr müssten Sie die Auslieferung wieder wie vereinbart selbst organisieren.)

Weihnachtliche Grüße vom Korvatunturi

Ihre Alvine Wichtel

Sekretariat des Weihnachtsmanns

„Das ist ein großzügiges Angebot", stellt Ulfrik erfreut fest.

Emil hüpft wie ein Gummiball. Auch Pernille sieht jetzt fröhlicher aus. Aber Ettas Augen glänzen am meisten, und die Knallbrause bitzelt wie Feuerwerk in ihrem Bauch. Sie wusste es. Jetzt wird ihr Weihnachtswunsch wahr.

„Da gibt es nur ein Problem", merkt Holla an. „Wie kriegen wir die Honigkuchen ins Wichteldorf?" Dazu hat die Sekretärin leider nichts geschrieben.

„Wir kommen mit und helfen dir!", schlägt Etta begeistert vor. „Wir ziehen den Schlitten zusammen."

Emil weiß genau, was sie gerade denkt. „So weit ist das ja nicht", stimmt er zu.

Doch Holla legt skeptisch den Kopf schief.

„Ich weiß, eigentlich dürfen Kinder da nicht hin", nimmt Etta ihre Einwände vorweg. „Aber erstens waren wir letztes Jahr auch fast dort, und zweitens kann uns der Weihnachtsmann wirklich dankbar sein. Und drittens muss uns da ja auch überhaupt niemand sehen, oder?"

„Bitte, Holla! Uns fällt bestimmt etwas ein, wenn wir erst mal dort sind", bekräftigt Emil.

Etta plinkert Holla mit großen Welpenaugen an. „Zusammen kriegen wir das ganz sicher hin!"

Holla lacht: „Heiliger Blechzahn! Machen wir uns nichts vor: Ohne euch wäre ich doch völlig aufgeschmissen!"

Und somit ist es beschlossen.

14. Wie weit ist es noch?

Drei, vier Stunden braucht man normalerweise zu Fuß bis zum Korvatunturi, meint Holla. Wenn sie gleich morgen früh starten, sollten sie es also gut an einem Tag dorthin und zurück schaffen.

Zum Glück ist Wochenende, also haben Etta und Emil keine Schule. Sie treffen sich gleich nach dem Frühstück in Ettas Zimmer, packen ihre Schneeanzüge ein und rutschen top vorbereitet in die Backstube. Holla gibt ihnen noch extra warme lappländische Wollsachen zum Drunterziehen. Sie hat immer ein paar Strickmützen, Pullis und Socken in ihrer Größe im Schrank. Außerdem packt sie drei Decken und einen großen Topf ein.

„Willst du denn unterwegs was kochen?", fragt Etta recht verwundert.

Lachend schüttelt Holla den Kopf und lässt die Kinder unter den Deckel gucken. Der Topf ist zur Hälfte mit Bohnen gefüllt. Aber nicht irgendwelchen Bohnen.

„Glühbohnen!", erklärt Holla. „Die haben mir die

Wichtel neulich für Notfälle geschickt, falls mal das Feuerholz ausgeht. Sie können richtig, richtig heiß werden und halten stundenlang. Aber das Tolle ist, dass man sich an ihnen nicht verbrennt. Wenn es uns auf der Fahrt doch zu kalt wird, können wir uns daran aufwärmen."

Mit der Fingerspitze tippt Etta eine dicke, orangerot leuchtende Bohne an. Die ist echt heiß. „Wie praktisch!"

Den Schlitten hat Holla schon beladen. Weil sie dieses Jahr so viel mehr backen musste, türmen sich die Honigkuchendosen übermannshoch auf der Ladefläche. Etta und Emil legen die Plane darüber und schnüren sie fest, sodass nichts ins Rutschen gerät. Als Nächstes schnallen

sie Schneeschuhe unter ihre Füße, damit sie nicht einsinken, und spannen sich mit dicken Lederriemen selbst vor den Schlitten.

Emil nimmt die rechte Stange der Gabeldeichsel, Etta die linke. Holla schiebt von hinten.

Pernille will im warmen Häuschen bleiben. Schließlich muss sich auch jemand um Patient Ulfrik kümmern.

„Gute Fahrt!", ruft sie Holla und den Kindern aus dem Backstubenfenster zu.

Ulfrik humpelt sogar zur Tür, um sie zu verabschieden.

„Passt gut auf euch auf!", röhrt er und winkt mit seinen langen Ohren.

Emil und Etta winken zurück, und dann gibt Holla das Kommando: „Alle bereit? – Auf geht's!"

Etta stemmt sich mit aller Kraft gegen den Lederriemen,

den sie um ihren Bauch geschlungen hat. Es ist schwerer, als sie es sich vorgestellt hatte. Nur langsam setzt sich der Schlitten in Bewegung. Auf der Fahrt mit Ulfrik im letzten Jahr konnten sie gemütlich Kakao trinken, in die Landschaft gucken und dabei zuschauen, wie links und rechts des Weges der Schnee in Glitzerstaubwolken von den Bäumen rieselte. Diesmal sieht Etta von Lappland kaum mehr als ihre Schneeschuhspitzen vor sich auf dem Pfad. Es ist anstrengend genug, auch nur einen Fuß vor den anderen zu setzen.

Auf flacher Strecke kommen die drei noch einigermaßen vorwärts. Aber beim ersten kleinen Hügel gerät Etta ganz schön ins Schnaufen. Holla muss von hinten kräftig schieben, damit der Schlitten mit seiner schweren Ladung nicht rückwärts wieder ins Tal saust. Keuchend zieht Emil sich die Mütze vom Kopf, weil ihm schon der Schweiß auf der Stirn steht. Zentimeter um Zentimeter kämpfen sie sich voran.

„Puh!", macht Holla, als sie endlich oben auf der Kuppe angekommen sind. „Also, den Korvatunturi kommen wir so nicht hoch, fürchte ich."

Etta schluckt. Eigentlich hätten sie es sich ja denken können: Zwei Kinder und eine Honigkuchenfee sind natürlich längst nicht so stark wie ein geübter Liefer-Elch. Da hilft es wenig, dass sie den Schlitten nur bis zum Rentierflughafen und nicht durch ganz Europa ziehen müssen. Und der große Berg ist noch nicht mal in Sicht! Erschöpft lässt sie sich in den Schnee fallen. Sie will schon losschimpfen, über den schweren Schlitten und die unzuverlässigen Lemminge und natürlich über den fiesen Schmolltroll, dessen Schuld das alles ist, und vielleicht sogar ein bisschen über diese Alvine Wichtel vom Weihnachtsbüro, die schreibt, dass sie kommen sollen, aber nicht, wie.

Da fällt ihr Blick auf Emil. Emil schimpft nicht. Er sieht nicht einmal besonders beunruhigt aus. Er sitzt einfach nur da, mit verschränkten Armen, einen Finger an die Wange gelegt, und schaut den Schlitten an. Dabei macht er sein Grübelgesicht. Und das ist ein gutes Zeichen. Genauso hat Emil nämlich auch geguckt, bevor er letztes Jahr die Backstube aus dem Schnee getaut hat. Wenn Etta eins sicher weiß, dann dass Emil immer die besten Ideen hat.

„Also, beim Rennrodelfahren wäre das ja verboten …", murmelt er.

Etta hat keine Ahnung, wovon er redet. Aber bevor sie nachfragen kann, ist Emil schon aufgesprungen und läuft zurück in die Richtung, aus der sie gerade gekommen sind.

„Wartet hier! Ich bin gleich wieder da", ruft er.

Etwas anderes bleibt Holla und Etta auch nicht übrig.

15. Die Dampfschlittenfahrt

Mit einem langen Gartenschlauch aus Hollas Schuppen, einer altmodischen Wärmflasche aus Blech und einer Rolle Schnur kommt Emil wenig später wieder den Hügel heraufgerannt.

„Wir – müssen – die Kufen – heizen!", keucht er und zerrt den Glühbohnentopf unter der Sitzbank des Schlittens hervor. „Das machen die Profis auch so."

Ein bisschen verwirrt, schauen Etta und Holla zu, wie Emil die Wärmflasche, in die er Wasser gefüllt hat, direkt auf die glühenden Bohnen legt. Dann schneidet er den Gartenschlauch mit einem Messer in zwei Stücke und steckt jeweils ein Ende in das Einfüllloch der Wärmflasche. Den Rest befestigt er von oben so an den geschwungenen Schlittenkufen entlang, dass die beiden Schläuche genau da enden, wo die Kufen auf den Schnee treffen.

„Die Bohnen im Topf heizen das Wasser auf, bis es fast kocht", erklärt er. „Der sich bildende Wasserdampf wird dann durch die Schläuche bis direkt vor die Kufen geleitet.

Durch den heißen Dampf schmilzt der Schnee unter den Kufen …"

„… und es bildet sich ein Wasserfilm, der die Reibung verringert und den Schlitten leichter gleiten lässt", vervollständigt Holla seinen Gedanken. „Das ist ja genial!"

„Wow!", macht Etta.

Emil strahlt.

Und seine Idee funktioniert wirklich! Sobald das Wasser heiß genug ist und erste Dampfwölkchen aus den Schläuchen treten, müssen die drei gar nicht mehr so stark ziehen, und der Schlitten zuckelt dahin wie auf Schienen. Den nächsten Hügel schaffen sie ohne große Mühe. Und für die Abfahrt können sie sich sogar ganz entspannt auf den Schlitten setzen.

„Huiii!", jubeln Emil und Etta, als sie mit Karacho ins Tal schießen. Der kalte Fahrtwind zischt ihnen um die Ohren, und sie müssen ihre Mützen festhalten. Aber so macht das richtig Spaß.

Flott geht es weiter – wieder mit Muskelkraft einen Hügel hinauf und mit Schwung hinunter.

Nach und nach werden die Hügel höher, während die Mittagssonne langsam schon wieder tiefer sinkt. Von der nächsten Kuppe aus kann man ganz in der Ferne am Horizont den Umriss des Korvatunturi erahnen. Und dahinter wartet der Weihnachtsmann auf sie, denkt Etta. Ein bisschen aufgeregt ist sie jetzt doch.

Der folgende Abhang ist ziemlich steil. Steiler als alle anderen, die sie bisher hinuntergefahren sind.

„Vorsicht!", ruft Holla. „Wir werden zu schnell!"

Emil wünschte, er hätte neben der Kufenheizung auch noch eine Bremse eingebaut. Aber dafür ist es jetzt zu spät. Mit aller Kraft drückt er seinen Stiefelabsatz in den Schnee. Doch das scheint kaum einen Unterschied zu machen. Immer schneller rast der Schlitten, rumpelt über eine unebene Stelle … und jetzt neigt er sich auch noch bedenklich zur Seite!

„Wir kippen!", brüllt Emil und lehnt sich in die andere Richtung, wie auf einem Segelboot.

Etta und Holla tun es ihm nach. Das hilft – zumindest für den Moment. Beide Kufen liegen wieder stabil auf dem Boden. Weit ist es nicht mehr, bis der Hang endlich abflacht. Nur noch eine letzte Kurve. Etta will schon aufatmen … da gerät der Schlitten von dem vorgesehenen Weg ab und rast mit einem Höllentempo direkt in ein tiefes Schneefeld am Fuß des Hügels.

Der feine Schnee stiebt in alle Richtungen auf. Für einen Moment sieht Etta nur Weiß vor ihren Augen. Sie spuckt und prustet.

Überall Schnee – im Mund, in den Ohren, in der Nase,

sogar zwischen Hosenbund und Unterhemd fühlt es sich kalt und nass an. Igitt!

Neben ihr wühlt sich Emil gerade aus dem Schneehaufen. Er hat einen Handschuh verloren, aber ansonsten ist er guter Dinge.

Holla schüttelt schon die Eiskristalle aus ihrem Zuckerwattehaar. „Vielleicht sollten wir beim nächsten Hügel doch lieber zu Fuß gehen", überlegt sie.

Erst mal müssen sie allerdings den Schlitten befreien, der bis zur Ladefläche eingesunken ist.

„Hau-ruck! … Hau-ruck!", kommandiert Etta.

Doch egal, wie kräftig sie an der Rückwand zerren, der Schlitten rührt sich nicht von der Stelle. Er muss sich im tiefen Schnee so festgefahren haben, dass er sich auch mit vereinten Kräften keinen Zentimeter bewegen lässt.

„Himmel, Horst und Zwiebelwurz", flucht Holla. „Ich glaube, wir stecken fest!"

16. Dunkel und kalt

„Hätten wir doch bloß eine Schaufel mitgenommen!"

Während Holla und Etta versuchen, mit bloßen Händen den Schlitten auszugraben, klettert Emil auf den nächsten Hügel und hält nach Hilfe Ausschau. Doch Lappland ist ja gerade dafür bekannt, dass hier kaum ein Mensch unterwegs ist.

Gerade einmal den halben Schlitten haben sie freigelegt, als die Sonne hinter dem Horizont versinkt. Es ist zwar erst früher Nachmittag, aber die Tage hier oben weit im Norden sind kurz. Und sobald es dunkel wird, sinken auch die Temperaturen.

Langsam beginnt Holla, sich Sorgen zu machen. Eigentlich wollte sie ja schon längst auf dem Rückweg vom Wichteldorf sein.

Als sie letztes Jahr auf der Suche nach dem Polarlicht im Freien übernachten mussten, hatten sie zumindest ein Zelt als Schutz gegen den eisigen Wind dabei und einen Elch mit kuschelig-warmem Fell. Noch hält die Glut im

Bohnentopf. Aber diese Nacht droht ziemlich ungemüt-
lich zu werden.

„Ich hätte euch gar nicht mitnehmen dürfen", wirft
Holla sich vor, während sie im Halbdunkel fieberhaft weiter Schnee um den Schlitten wegschaufelt. „Das war un-
verantwortlich."

„Papperlapappenstiel", widersprechen Emil und Etta
wie aus einem Mund. Erstens wollten sie unbedingt dabei
sein, und zweitens sie sind ja nicht aus Zucker.

Emil sorgt sich vielmehr, dass sie es nicht rechtzeitig
zum Rentierflughafen schaffen. Bis morgen früh, hat Alvine Wichtel geschrieben. Was, wenn sie zu spät kommen?
Wird der Weihnachtsmann sauer sein? Verliert Holla dann
ihren Job?

Etta schüttelt entschieden den Kopf: „Der Weihnachtsmann ist bestimmt total nett und versteht das. Der überlegt sich was, wie er Holla trotzdem helfen kann." Anstatt
sich Sorgen zu machen, stellt sie sich lieber vor, wie es sein
wird, wenn sie ihn endlich persönlich trifft. Wie sie seine Hand schüttelt und wie er dann freundlich schmunzelt und sie fragt, was sie sich zu Weihnachten wünscht.
„Meinst du, sein Bauch ist wirklich so dick wie immer in
den Filmen?", fragt sie Emil. „Und glaubst du, er würde
vielleicht sogar ein Foto mit mir machen?"

Da hat Emil langsam die Nase voll. „Kannst du auch

mal von was anderem reden?", pampt er Etta an. „Wir brauchen jetzt eine Lösung, wie wir hier wegkommen!"

„Weiß ich doch", schnaubt Etta.

Aber während die Bohnen in Hollas Topf langsam grau und kalt werden und sie sich fester in die Wolldecke einmuckelt, wachsen die Zweifel. Ob ihre Vorfreude platzen wird wie eine Seifenblase?

Etta muss eingedöst sein. Sie schreckt hoch, als Emil, an dessen Schulter sie ihren Kopf gelehnt hatte, plötzlich aufspringt. Wie viel Uhr es ist? Keine Ahnung.

Am Nachthimmel tanzen ein paar kleine Polarlichter. Aber die sind nicht der Grund, weshalb Emil aufgeregt ins Dunkel späht. Er zeigt nach Norden.

„Ich glaube, da kommt wer!"

Jetzt sehen Holla und Etta es auch. Ein kleiner, leuchtender Punkt schwankt durch die Nacht. Da läuft jemand mit einer Laterne in der Hand!

Aufgeregt rennen Emil und Etta auf das Licht zu. „Hallo! Hier sind wir!", rufen sie, so laut sie können. „Wir brauchen Hilfe!"

Hätten sie mal lieber abgewartet und den Mund gehalten, denkt Etta im nächsten Moment. Denn die graue Gestalt, die aus der Dunkelheit auf sie zukommt, ist niemand anderes als der Schmolltroll.

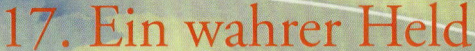

17. Ein wahrer Held

„Was machst du denn da?", fragt Holla den Schmolltroll ganz überrascht.

Aber der ist mindestens genauso perplex, Holla hier mitten in der Nacht zu sehen. In der einen Hand trägt er seine Laterne, in der anderen einen altmodischen Lederkoffer.

„Bin auf dem Weg zum Hafen. Morgen früh fährt das Schiff ab."

Etta bezweifelt das. Sie traut dem Kerl immer noch keinen Meter weit. Emil bringt kein Wort heraus.

„Uns ist leider ein kleines Missgeschick passiert", erklärt Holla beschämt.

„Hm, hm", macht der Schmolltroll, als er im Schein seiner Laterne den Schlitten im tiefen Schnee entdeckt.

Wahrscheinlich freut er sich insgeheim, dass sein Plan doch noch aufgegangen ist und die Honigkuchen feststecken, denkt Etta.

„Wir müssen damit eigentlich zum … na ja, du weißt schon, ins Wichteldorf. Bis spätestens morgen früh", gibt

Holla zu. „Meinst du, du könntest uns vielleicht … ähm, helfen? Nur ganz kurz?"

Etta glaubt, ihren Ohren nicht trauen zu können: Hat Holla gerade tatsächlich ausgerechnet den Schmolltroll um Hilfe gebeten? Den größten Weihnachtsfeind überhaupt?

Aber was als Nächstes passiert, das ist noch viel, viel unglaublicher.

„Ich schau mir das mal an", brummelt der Schmolltroll. Damit lässt er seinen Koffer stehen und spurtet los.

Als er den Schlitten erreicht, hält er sich mit einer Krallenpranke die dicke grüne Nase zu, damit er die grässlichen Honigkuchen nicht riechen muss. Mit der anderen schaufelt er los, wie ein Schneepflug. Emil und Etta staunen Bauklötze. Im Nullkommanix ist der Schlitten so gut wie freigelegt. Grunzend vor Anstrengung, zieht der Schmolltroll ihn aus dem Schneefeld.

„Heiliger Blechzahn, das ging ja flott!", lobt ihn Holla ganz beeindruckt. „Vielen Dank!"

Aber der Schmolltroll ist noch lange nicht fertig.

„Steigt auf", brummelt er. „Ich bring euch hin." Und damit spannt er sich selbst vor den Schlitten.

„Äh, Moment … Bist du sicher?", fragt Holla. Schließlich wollte der Schmolltroll so kurz vor Weihnachten doch eigentlich nur möglichst weit weg vom Wichteldorf, vom nervigen Geschenkpapierrascheln und dem widerlichen Plätzchengestank.

„Passt schon", grummelt er. „Wenn meine Nachbarin und Mau-Mau-Partnerin in Schwierigkeiten ist, dann müssen die Reisepläne eben warten."

Tapfer ignoriert er seine mit jedem Schlittenglöckchenklingeln schlimmer werdende Übelkeit und stapft heldenhaft voran, schnurstracks Richtung Korvatunturi. Hinten auf dem Schlitten ist Etta sich nicht so sicher, ob sie das alles vielleicht gerade nur träumt.

Kilometer um Kilometer zieht der Schmolltroll den Schlitten mit Holla und den Kindern, bis sie in den frühen Morgenstunden den Bergpass erreichen. Auf der anderen Seite können Emil und Etta im Tal warme Lichter erkennen, die aus den Fenstern vieler kleiner Häuschen strahlen. Etta kann es kaum glauben. Sie haben es tatsächlich geschafft! Dort unten liegt das Wichteldorf.

„Das letzte Stück kriegen wir auch alleine hin", beteuert Holla. „Ist ja alles bergab."

Der Schmolltroll nickt und legt das Zuggeschirr ab. Wenn es nicht so düster wäre, könnte man sehen, dass er inzwischen fast dunkelgrün im Gesicht ist von den Honigkuchenduftschwaden, die ihm um die Nase wabern.

„Schaffst du es denn jetzt noch rechtzeitig zu deinem Kreuzfahrtschiff?", erkundigt sich Emil besorgt.

Der Schmolltroll schiebt sich die zotteligen Haare aus den Augen und wirft einen Blick in den Sternenhimmel, weil er daran die Uhrzeit ablesen kann. „Das fährt in einer Viertelstunde ab."

„Oh nein!", ruft Holla und hält sich entsetzt die Hand vor den Mund.

Der Troll zuckt die Schultern. „Jetzt hab ich so viele Jahre Weihnachten in meiner Höhle ausgehalten, da wird mich eins mehr schon nicht umbringen."

Holla sieht ihn zweifelnd an: „Aber–"

„Mach dir um mich keine Gedanken", wehrt der Schmolltroll ab. „Schönen Tag euch noch!"

Damit hebt er die Pranke und stapft davon.

„Vielen Dank!", rufen Holla und Emil ihm nach. „Bis bald mal!"

Aber Etta kriegt kein Wort raus. Das schlechte Gewissen kratzt in ihrem Hals wie eine fiese Mandelentzündung. Die ganze Zeit hat sie dem Troll die Schuld daran gegeben, dass alles schieflief. Dabei hatte er damit überhaupt nichts zu tun. Im Gegenteil. Wenn sich heute die Weihnachtsfreude endlich in allen Ländern verbreitet, dann ist das vor allem dem Schmolltroll zu verdanken …

18. Im Wichteldorf

„Komm, Etta", drängelt Emil. Er ist schon unter die Schlittenbank gekrochen, damit die Wichtel ihn ja nicht bemerken.

Etta zwängt sich neben ihn. In der Nische ist gerade genug Platz. Holla legt noch eine Decke über die Bank, sodass die Kinder nicht mehr zu sehen sind. Dann schiebt sie den Schlitten an. Langsam und vorsichtig lässt sie ihn den Berg hinuntergleiten. Bloß nicht auf den letzten Metern noch die wertvolle Fracht verlieren!

Dass sie im Wichteldorf angelangt sind, kann Etta bald auch durch die dicke Wolldecke riechen. Es duftet tatsächlich nach Plätzchen, zimtig und wunderbar, und ein bisschen nach warmem Heu. Langsamer und langsamer wird der Schlitten, bis auch das letzte bisschen Schwung vom Berg aufgebraucht ist.

„Entschuldigung? Dürfte ich Sie bitten, kurz mit anzuschieben?", hören sie Holla sagen. „Ich müsste zum Rentierflughafen."

Emil muss ein bisschen grinsen: Um Hilfe zu bitten, ist doch gar nicht so schwer.

„Aber selbstverständlich!", antworten gleich mehrere helle Wichtelstimmen.

Der Schlitten ruckt wieder an und fährt in gemächlichem Tempo weiter. Da hält Emil es nicht mehr aus. Er muss einfach sehen, wie es hier ausschaut. Vorsichtig linst er durch einen Spalt unter der Decke hervor.

Obwohl es noch nicht mal hell ist, herrscht überall schon geschäftiges Treiben. Eislaternen beleuchten die Pfade zwischen den dick verschneiten Holzhäuschen, auf denen die Wichtel emsig hin- und hereilen. Sie tragen rote Zipfelmützen und haben Knubbelnasen, genau wie Emil

sie sich immer vorgestellt hat. Einige schieben Bollerwagen mit fertigem Spielzeug aus den Werkstätten. Andere transportieren riesige Rollen Geschenkpapier und rotes Schleifenband auf gigantischen Spulen.

„Guck mal!", flüstert Emil und rutscht ein bisschen zur Seite, damit Etta auch schauen kann.

Gerade zieht eine Wichteldame eine Fuhre Plüschelefanten an ihnen vorbei. Etta staunt: Die Elefanten sehen haargenau so aus wie ihre Elly, die sie vor drei Jahren zu Weihnachten bekommen hat. Vor lauter Aufregung vergisst sie für den Moment sogar das Kratzen in ihrem Hals.

Emil versetzt es einen kleinen Stich, als er auf einem anderen Wagen einen ganzen Stapel Planetenpuzzles, die

nachts leuchten, sieht. So eines hätte er sich gerne gewünscht. Nur hat er dummerweise zu spät entdeckt, dass
es die überhaupt gibt – nämlich als sein Wunschzettel
schon längst abgeschickt war.

„Schauen Sie, da vorne ist schon der Rentierflughafen“,
sagt einer der Wichtel, die Holla beim Schieben helfen.

„Super. Vielen Dank!“

Jetzt kann Etta es auch sehen. Vor ihnen erstreckt sich
ein großes, flaches Feld. Eine Doppelreihe Eislaternen in
der Mitte markiert die Startbahn.

„Die Honigkuchen sind hier!“, hört sie eine hohe Stimme rufen.

Eifriges Schnauben aus neun Schnauzen ist die Antwort.

„Da!“, wispert Emil.

„Wow!“, macht Etta.

Neun Rentiere preschen direkt an ihnen vorbei und
bremsen dann abrupt ab. Sie ziehen einen wunderschönen,
glänzend rot lackierten, riesigen Schlitten mit kuschelig
gepolsterten Sitzen und goldenen Kufen. Etta kommt aus
dem Staunen gar nicht mehr heraus.

„Die Dosen kommen in den großen Jutesack dahinten“,
weist der Kutschmeister Holla an. „Keine Sorge, wir helfen
Ihnen.“

Emil und Etta ziehen schnell die Decke wieder ganz vor
ihr Versteck und halten die Luft an, während Holla und

die Wichtel beginnen, die Honigkuchen umzuladen. Hoffentlich merkt niemand, dass sie hier sind!

Aber sie haben Glück. Nur einmal zuppelt ein neugieriges Rentier kurz an der Sitzbank und schnüffelt verwundert. Doch bevor es die blinden Passagiere entdecken kann, hält ihm der Kutschmeister auf der flachen Hand etwas zu fressen hin. Bestimmt einen Zuckereiszapfen, denkt Etta. Schließlich müssen die Rentiere ja genau wie Ulfrik aus der Weihnachtswelt hinaus und in die normale Welt hineinreisen.

„Fertig!", meldet ein Wichtelmädchen, kaum dass die letzte Dose im Sack verstaut ist. „Bereit zum Abflug?"

Etta kann das Geräusch im Schnee scharrender Hufe hören. Die Schellen am Geschirr klingeln erwartungsvoll.

Ein Pfiff. Sofort geht ein Ruck durch das Gespann. Und wenn sie nicht gerade unter der Schlittenbank hocken würde, könnte Etta sehen, wie die Rentiere losstürmen. Der Kutschmeister lässt sie eine enge Kurve auf die Startbahn fahren, wo sie schneller und schneller werden, bis sie kaum noch den Boden berühren. Schon schwingt sich das erste in die Luft … und zieht die anderen hinter sich her.

Sekunden später ist der Weihnachtsschlitten mit Hollas Honigkuchen in einem Strudel aus Nordwind und Schneegestöber im Himmel verschwunden.

19. Der Weihnachtsmann

Geschafft, denkt Etta erleichtert. Gerade noch rechtzeitig.

Holla faltet die Plane zusammen, mit der die Honigkuchendosen abgedeckt waren, und bittet die Wichtel um ein paar frische Glühbohnen für ihre Kufenheizung, damit sie auch ohne ihre Zughilfe wieder nach Hause kommt.

Doch statt der hellen Wichtelstimmen ist auf einmal ein tiefer Bass zu hören: „Hoho, Holla! Auf ein Wort …"

Etta erstarrt. Auch wenn sie diese Stimme noch nie gehört hat, weiß sie, wem sie gehört. Honigkuchenbraun glänzende Lederstiefel mit einem Fellbesatz kann sie durch den Spalt erkennen … und einen roten Mantel.

Emil bewegt die Lippen: „Der Weihnachtsmann!"

„Oh! Guten Morgen, Chef", sagt Holla.

Sie klingt, als ob sie ein bisschen nervös ist. Bestimmt macht sie sich Sorgen, dass sie jetzt Ärger bekommt. Und auch Etta macht sich ein bisschen Sorgen. Sie hat so ein ganz seltsames Gefühl, als ob der Weihnachtsmann direkt durch die Decke und unter die Sitzbank schauen kann.

Jedenfalls hört er sich genauso an, wie sie es sich immer vorgestellt hat: warm und samtig und ein bisschen wie Karamellschokolade. Sicherlich ist er auch genauso dick und genauso bärtig wie in ihrer Vorstellung. Und wenn er auch genauso nett ist, findet er es bestimmt nicht schlimm, dass sie mit Holla hierhergekommen sind.

Das ist meine Chance, denkt Etta. Sie könnte jetzt aus dem Schlitten klettern und den echten, wahrhaftigen Weihnachtsmann treffen. „Ich bin Etta", würde sie sagen und ihm die Hand schütteln. Er würde sich bestimmt an ihre Briefe erinnern und sich freuen, sie zu sehen. Sie würde ihn um ein Foto bitten, und er würde freundlich schmunzeln und sie nach ihrem Weihnachtswunsch fragen. Und sie könnte sagen, dass der sich gerade erfüllt hat.

Aber Etta tut nichts von alledem. Sie bleibt wie angewurzelt in ihrem Versteck, die ganze Zeit, während Holla mit ihrem Chef in seinem Büro redet, und auch noch danach, als die beiden wieder zum Schlitten zurückkommen und der Weihnachtsmann dem Wichtel dankt, der inzwischen eine Fuhre frische Glühbohnen gebracht hat.

Emil sieht Etta fragend an. „Wolltest du nicht …?", flüstert er fast lautlos.

Doch Etta schüttelt leise den Kopf. Warum? Das weiß sie selber nicht so genau. Vielleicht, weil sie nicht möchte, dass Holla Ärger bekommt. Vielleicht, weil sie eine gute

Freundin sein will und Holla sich auf sie verlassen kann. Und vielleicht auch, weil der Weihnachtsmann in ihrem Kopf und das Bitzeln in ihrem Bauch gerade schon so wunderbar ist, dass es gar nicht noch besser werden kann.

„Gute Heimreise", hört Etta den Weihnachtsmann noch sagen, bevor Holla ihren (fast) leeren Schlitten auf seinen heißen Kufen wieder umdreht und gemächlich durch das Wichteldorf zurück zum Fuß des Korvatunturi zieht. Ohne die ganzen Honigkuchen auf der Ladefläche geht das schon viel leichter.

Manche Weihnachtsgeheimnisse sollen einfach Geheimnisse bleiben, denkt Etta. Und das ist gut so.

Als sie ein gutes Stück vom Wichteldorf entfernt sind, kriechen Emil und Etta wieder unter der Bank hervor, damit Holla den Schlitten nicht allzu weit alleine ziehen muss.

„Was hat der Weihnachtsmann gesagt?", fragt Emil.

Holla lächelt schief. „Och, nichts Besonderes … Nur, dass ich nächstes Mal lieber gleich um Hilfe bitten soll, bevor das Problem zu groß wird." Sie ist immer noch ganz platt, dass der Chef ihr ihren Fehler nicht wirklich übel genommen hat. „Und herzliche Grüße soll ich euch ausrichten, hat er gesagt, und dabei hat er mir nett zugeblinzelt."

Etta hat so eine Ahnung, was dieses Blinzeln bedeutet: Der wusste genau, dass Emil und sie im Schlitten waren!

20. Ettas beste Idee

Während es langsam zu dämmern beginnt, fahren die drei den Bergpass auf der anderen Seite des Korvatunturi wieder hinunter. Etta schaut zu den schroffen Felszacken hinauf. Irgendwo da oben sitzt der Schmolltroll jetzt allein in seiner muffeligen Höhle und wartet, dass es bloß schnell Silvester wird.

„Wir müssen uns irgendwas überlegen …", platzt es aus ihr heraus, „… wie wir ihm Danke sagen können."

Holla hat Ettas Blick gesehen. „Dem Schmolltroll? Hm. Da hast du recht. Aber ehrlich gesagt, weiß ich gar nicht, was der so mag. Außer Mau-Mau spielen natürlich."

„Hm", macht auch Emil und legt den Finger an seine Wange, wie er es immer macht, wenn er scharf nachdenkt.

Aber diesmal hat Etta die beste Idee: „Ich weiß was. Wir überraschen ihn – mit einem Weihnachtsfest!"

Emil schaut seine Freundin an, als wäre sie übergeschnappt. „Der Schmolltroll hasst Weihnachten!"

Das weiß Etta natürlich. „Er hasst Weihnachten, so wie

wir es feiern", berichtigt sie. „Aber vielleicht kann man es auch ganz anders machen. So, dass es ihm auch gefällt!" Denn eigentlich geht es ja bei Weihnachten gar nicht um Plätzchen und Lichterglanz und Tannenduft. Es geht darum, schön beisammen zu sein und sich miteinander zu freuen.

„Wie stellst du dir das vor?"

Etta zuckt die Schultern. „Keine Ahnung." Aber zum Glück haben sie bis Weihnachten ja noch zehn volle Tage Zeit, um sich das ganz genau auszudenken.

Zurück in Hollas Backstube schnaufen Etta und Emil bei einer Tasse heißem Kakao noch mal kurz durch, während sie Ulfrik und Pernille von ihrer abenteuerlichen Fahrt erzählen. Dem Liefer-Elch bleibt glatt die Spucke weg – vor allem an der Stelle, als plötzlich der Schmolltroll aufgetaucht ist!

„War eine gute Entscheidung, dass ich nicht mitgekommen bin", befindet Pernille zufrieden.

Dann wird es höchste Zeit, nach Hause zu reisen. Die Freunde öffnen das Dachfenster, kneifen fest die Augen zu … und mit einem *Wusch!* aus Nordwind und Schneegestöber sausen sie zurück in Ettas Zimmer. Zum Glück ist die Zeit zu Hause ein ganzes Stück langsamer vergangen, und niemand hat bemerkt, dass sie eine Weile weg waren.

Während in der Schule nur noch die allerletzten Tests geschrieben werden und es mit jedem Tag weihnachtlicher wird, haben Emil und Etta alle Hände voll zu tun. Sie organisieren und planen, basteln und machen Besorgungen. Emil ruft bei Tante Tilly an. Als sie hört, was alles in Lappland passiert ist, will sie am Heiligabend natürlich unbedingt auch mit dabei sein. (Vorher muss sie aber auf jeden Fall noch mal zum Friseur.)

Am letzten Schultag legen Emil und Etta ihr Taschengeld zusammen und gehen zum Käsestand auf dem Wochenmarkt.

„Wofür braucht ihr das denn?", fragt Ettas Papa verwundert und rümpft ein bisschen die Nase, als sie das müffelnde Päckchen später im Kühlschrank verstauen.

„Wird nicht verraten", erklärt Etta fröhlich. „Ist es okay, wenn Emil morgen Mittag noch mal kurz zu mir kommt?"

Ihr Papa hat nichts dagegen.

Und so brechen Emil und Etta an Heiligabend, während der kleine Jonni sein Mittagsschläfchen macht und alle anderen die letzten Geschenke verpacken, feierlich drei Zuckerzapfen vom Honigkuchenhäuschen …

21. Heiligabend in der Höhle

Für den Schmolltroll ist der 24. Dezember der schlimmste Tag des Jahres, mit Abstand. Schon am Vormittag dröhnt ihm der Schädel von all dem grässlichen Weihnachtsgetöse, das aus dem Wichteldorf an seine sensiblen Ohren dringt: unerträgliches Geschenkpapierrascheln und schrille Wichtelstimmen, aufgeregtes Rentierschnauben und qualvoll fröhliche Weihnachtslieder. Um seine Kartoffelnase hat er einen alten Socken gebunden, damit die üblen Gerüche zumindest nicht ganz ungefiltert hineinströmen. So gut es geht, versucht er, sich abzulenken. Aber wer schon mal gegen sich selbst Mau-Mau gespielt hat, der weiß, dass das nicht besonders toll funktioniert.

Da plötzlich hört er ein komisches Geräusch, eine Art *Ffflomp!* Irgendwas rumort in seinem Ofenrohr. Was ist denn da los, fragt er sich. Ist ihm vielleicht ein Vogel in den Schornstein geflogen? Oder hat so ein grässlicher Wichtel etwas hineingeworfen, nur um ihn zu ärgern? Lieber gar nicht drauf eingehen, denkt der Schmolltroll.

Ffflomp! Ffflomp! Ffflomp! macht es und hört gar nicht mehr auf. Da beschließt der Schmolltroll, zur Sicherheit doch einmal nachzusehen. Kurzerhand montiert er das ganze Rohr ab. (Man muss wissen, dass ihm so etwas in seinem langen Leben noch niemals passiert ist. Sonst wüsste er nämlich, dass man eigentlich nur die kleine Klappe öffnen muss.)

Zack! schießt ihm eine Papierrolle mit einer roten Schleife entgegen. Unter den Zottelhaaren legt sich seine Stirn in misstrauische Falten. Was es damit wohl auf sich hat? Vorsichtig löst er das Band und rollt das Papier auseinander. Ein Brief. Kein besonders langer Brief. Aber das macht gar nichts. Denn es ist der beste, erste und einzige Brief, den der Schmolltroll je per Ofenrohr – ja überhaupt! – bekommen hat.

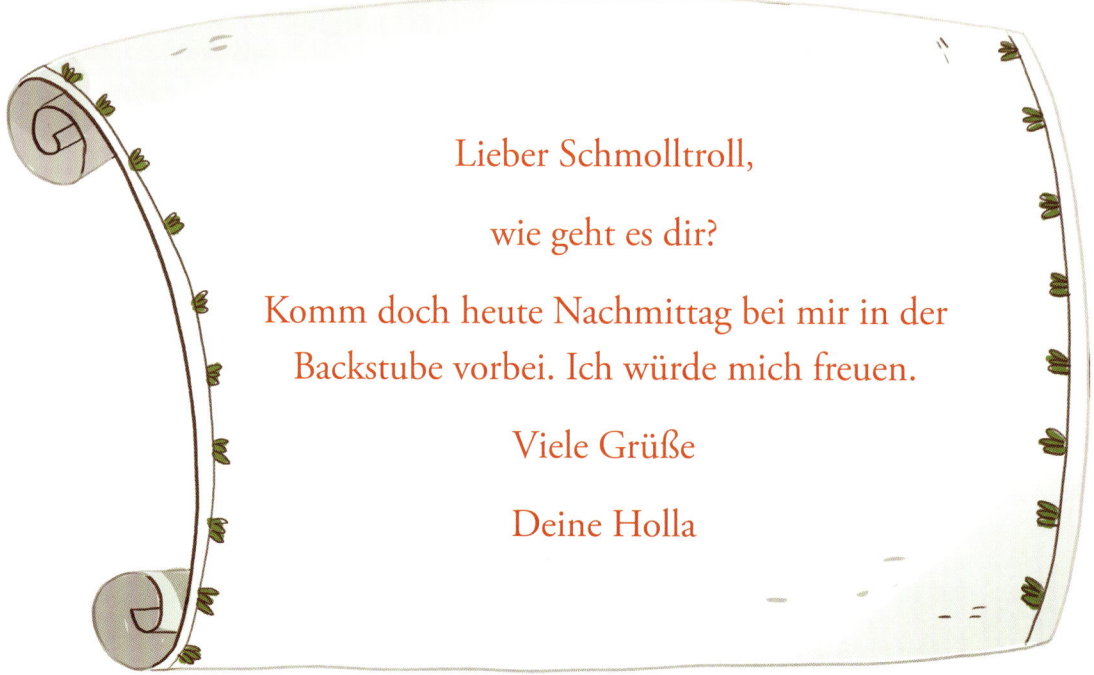

Lieber Schmolltroll,

wie geht es dir?

Komm doch heute Nachmittag bei mir in der Backstube vorbei. Ich würde mich freuen.

Viele Grüße

Deine Holla

„Oh!", macht der Schmolltroll, und seine dicke grüne Nase leuchtet vor Überraschung und Freude unter der Socke.

Weil er nicht weiß, was man höflicherweise mitbringen sollte, wenn man bei einer Honigkuchenfee eingeladen ist, und auch gar nichts dahat, was er auf die Schnelle einpacken könnte, steckt er nur seine Mau-Mau-Karten in die Tasche. Dann macht er sich schnurstracks auf den Weg.

Und während er so durch den tiefen Schnee wandert, den steilen Berg hinunter und durch die Wäldchen und über die Hügel, da fühlt es sich an, als ob das Geschenkpapier schon etwas leiser raschelt und die Plätzchen ein bisschen weniger übel riechen.

Aber was ihn bei der Honigkuchenfee erwartet, das hätte er nie für möglich gehalten.

22. Ein Weihnachtsfest für den Troll

Da steht Hollas Häuschen, ganz still im schneebedeckten Tal. Zögerlich trottet der Schmolltroll den letzten Hügel herunter. Auf der Fußmatte tritt er sich den Schnee von seinen Riesenfüßen. Dann klopft er zaghaft an die Tür. Drinnen ist kein Mucks zu hören.

„Hallo? Jemand da?", brummelt er, als er die Klinke hinunterdrückt.

Im nächsten Moment verschlägt es ihm die Sprache. Ein wunderbarer, ohrenbetäubender Radau bricht los, gegen den jedes Silvesterfeuerwerk wie feuchtes Mikrowellenpopcorn klingt.

Holla schlägt zwei große Topfdeckel gegeneinander. Pernille trommelt mit einem Kochlöffel auf ein Backblech. Emil pfeift schrill durch die Finger, und Tante Tilly lässt gekonnt eine Gabel über einen Porzellanteller schaben, sodass ein entsetzliches Quietschen entsteht.

Etta hat zu Hause noch drei Schachteln Knallerbsen und ein paar Partybomben gefunden. Die rauchen und zischen jetzt aus Hollas Bohnentopf, als hätte sich darin ein kleiner Feuerdrache eingenistet.

Ulfrik klappert beim Anblick des Trolls nur leise mit den Zähnen und hält sich ansonsten lieber unauffällig im Hintergrund (so unauffällig das eben möglich ist für einen ausgewachsenen Liefer-Elch).

„Fröhliche Weihnachten wünschen wir dir, lieber Schmolltroll!", ruft Holla.

„Fröhliche Weihnachten!", stimmen Etta, Emil, Pernille und Tilly ein.

Der Schmolltroll weiß gar nicht, was er sagen soll. Ungläubig wandert sein Blick entlang der selbst gebastelten Girlande aus Mau-Mau-Karten, mit der Etta und Emil die Backstube geschmückt haben. „Euch auch, öh, fröhliche … Dings", stottert er.

„Die Plätzchen müssten gleich fertig sein", kündigt Pernille an.

Bei dem Wort will sich der Schmolltroll sofort wieder die Nase zukneifen. Aber der einzige Geruch, der – mal abgesehen vom Feuerwerksrauch – durch die Backstube wabert, ist ein köstlicher, warmer Bergkäseduft.

Da öffnet Holla den Ofen und zieht drei große Bleche extra stinkiger Käseplätzchen heraus. Emil und Etta haben die reifsten Sorten gewählt und den Teig in Form von Traktoren und Dinos ausgestochen. Die gefallen dem

Schmolltroll bestimmt besser als Glöckchen oder Sterne, haben sie sich gedacht.

Holla bietet ihm den ersten Teller an. „Bitte schön! Aber Vorsicht, sind noch heiß."

Das stört den Troll überhaupt nicht. Ohne zu pusten, lässt er den ersten Keks in seinem großen Maul verschwinden und schiebt gleich noch zwei, drei weitere hinterher. „Köstlich", mampft er.

Etta schnappt sich einen Traktor. „Mhm, echt lecker", findet sie.

Dazu gibt es eiskalte saure Stachelbeerschorle zu trinken. Nachdem alle anderen schon ordentlich zugelangt haben, traut sich schließlich auch Ulfrik, einen kleinen Dino zu probieren. Sein Bein ist kaum mehr geschwollen, und er humpelt nur noch ein kleines bisschen, als er sich wieder zurück in seine Ecke verzieht. Aber das reicht, dass es dem Schmolltroll auffällt.

„Ist etwas mit deinem Bein passiert?", fragt er.

„Ach, nichts weiter", erwidert Ulfrik. „Nur eine kleine Ungeschicklichkeit."

Dann beißt er schnell die Zähne zusammen, damit sie nicht so verräterisch klappern können. Aber Etta sieht ganz genau, wie sich sein Nackenfell ängstlich sträubt. Bestimmt, weil er sich an den Tag erinnert, als er sich den Huf verknackst hat. Damals, als der Schmolltroll im Wald

an den Bäumen gerüttelt hat und Ulfrik panisch querfeld-
ein geflüchtet ist.

Der Troll scheint davon nichts zu bemerken. Ihm ist irgendwas eingefallen. „Oh! Ich weiß, was richtig gut zu eu-
ren Plätzchen passen würde", brummelt er aufgeregt und
trottet eilig nach draußen.

Was er wohl vorhat, fragt sich Etta, und läuft neugierig
hinterher.

Da steht der Zottelkerl, an der hohen Fichte nahe Hollas Hauswand. Er kratzt und rüttelt mit seinen Krallen-
pranken am Stamm. Der Baum schwankt – nicht so, dass
er gleich umfallen würde, aber schon ziemlich kräftig. Und
dann pult der Schmolltroll ein Stück Rinde ab.

„Moosige, zähe Altfichtenborke!", ruft er freudig.

Etta verzieht das Gesicht.

Der Troll kann das überhaupt nicht verstehen. „Meine Leibspeise", erklärt er. „Hast du die noch nie geges-
sen? Drüben im Wald gibt's die besten, zähesten Fichten.
Mhmm!"

Und in diesem Moment wird Etta mit einem Schlag
klar, dass alles nur ein riesengroßes Missverständnis gewesen war. Genau wie Holla gesagt hatte, gibt es nämlich eine
ganz einfache Erklärung, warum Schmolltrolle manchmal
an Bäumen kratzen.

23. Weihnachtsfreude

„Der Schmolltroll wollte im Wald einfach nur ein bisschen Fichtenborke futtern", erklärt Etta Ulfrik seinen folgenschweren Irrtum, nachdem sie wieder in die Backstube gekommen ist.

„Ach herrje", seufzt der Elch. „Und nur weil ich völlig kopflos davongerannt bin, habe ich euch den ganzen Schlamassel mit meinem Bein eingebrockt."

Jetzt versteht auch der Troll, was passiert sein muss. „Tut mir leid, dass ich dich erschreckt habe", brummelt er und tätschelt unbeholfen Ulfriks Geweihschaufel.

„Nicht doch, nicht doch!", wehrt Ulfrik tapfer ab. „Wenn ich nur einen Moment genauer hingesehen hätte, dann wäre es nie so weit gekommen."

Etta stellt zufrieden fest, dass sein Nackenfell nun fast glatt liegt.

„So, und jetzt gibt's die Geschenke!", verkündet Emil. Er haut mit der Schöpfkelle auf eine Blechschüssel, dass es nur so scheppert. (Beim Weihnachtsfest für einen

Schmolltroll kann man ja schlecht mit Glöckchen zur Bescherung läuten.)

Staunend öffnet der Schmolltroll seine Päckchen. Natürlich haben alle daran gedacht, dass er kein Geschenkpapier mag. Die Kartenmischmaschine, die Emil zu Hause in der Flohmarktkiste entdeckt hat, ist in ein Stück alten Vorhangstoff eingeschlagen. Etta hat im Buchladen ein Fachbuch über Feuerwerkerei gefunden und einfach in Zeitungspapier verpackt. Den Strickschal, den Tante Tilly ihm die letzten Tage gemacht hat, probiert der Schmolltroll gleich an. Er ist warm und ein bisschen kratzig, genau wie er es mag. Spätestens in diesem Moment beginnt seine dicke Knollnase, vor Rührung ein bisschen zu glänzen.

„Danke", sagt er, und seine Stimme klingt noch rauer als sonst. „Das ist das beste Weihnachtsfest, das ich je erlebt habe."

Danach spielen Etta, Emil, Holla, Ulfrik, Tilly, Pernille und der Schmolltroll gemeinsam Mau-Mau. Alle haben großen Spaß – sogar Ulfrik, der mit jeder Runde ein bisschen mehr auftaut. Am Ende traut er sich sogar, dem Schmolltroll eine „Zwei ziehen"-Karte reinzudrücken.

„Hoho!", lacht der Schmolltroll und knallt eine Stopper-Acht darauf. „Mau!"

Aber da hat er seine Rechnung ohne Pernille gemacht. Die hat nämlich auch eine Acht auf der Pfote. „Mau-Mau!"

Und während Pernille ihren Sieg feiert, Holla allen noch mal Stachelbeerschorle nachschenkt, Tante Tilly sich ein Käseplätzchen schmecken lässt und der Schmolltroll sein letztes Stück zähe Borke genießt, wird Etta auf einmal ganz still. Denn in der Luft über ihnen schwebt eine grün glitzernde Wolke. Man muss schon genau hinschauen, um sie zu entdecken. Aber Etta hat dieses Glitzern oft genug gesehen, um zu wissen, dass echter Weihnachtszauber immer dann entsteht, wenn man die Freude mit anderen teilt.

„Guck!", flüstert sie Emil zu.

Der nickt und strahlt. Er hat es auch gesehen.

Dann wird es leider langsam Zeit für Emil und Etta, sich auf den Heimweg zu machen. Schließlich erwartet sie ja noch ein zweites Weihnachtsfest. Sie wünschen dem Schmolltroll einen schönen Abend und einen erholsamen Winterschlaf. Dann umarmen sie Ulfrik ganz fest von beiden Seiten.

„Wir sehen uns – spätestens nächstes Jahr!"

„Das ist ja noch fürchterlich lange hin", mosert Pernille und tut so, als hätte sie sich an einem Kekskrümel verschluckt. Aber Etta ahnt schon, dass die Tränchen in ihren Augen nicht vom Husten kommen.

Tante Tilly bleibt noch ein bisschen länger. Sie hat Lappland doch mehr vermisst, als sie dachte.

Also bringt Holla die Kinder alleine nach oben zum Dachfenster.

„Danke für alles", flüstert sie und drückt die beiden noch mal lieb.

„Tschüss, Holla!", sagen Emil und Etta. „Dir auch einen guten Winterschlaf!"

„Den kann ich jetzt wirklich brauchen", schmunzelt die Honigkuchenfee, während sie das Fenster öffnet. „Und euch wünsche ich zauberschöne Weihnachten!"

Drei Sekunden und ein Nordwind-Schneegestöber später steht Etta wieder zu Hause in ihrem Zimmer.

„Das haben wir doch ganz gut hingekriegt", meint Emil zufrieden, der neben ihr auf seinen Füßen landet.

Etta grinst. *Ganz gut* ist ja wohl die Untertreibung des Jahrhunderts!

Prompt geht die Zimmertür auf.

„So, ihr beiden, Schluss jetzt. Emils Eltern warten schon!", sagt Papa.

„Jaja, kein Stress, ich komm schon", erwidert Emil und geht seine Schuhe anziehen.

Etta begleitet ihn noch zur Tür.

„Zauberschöne Weihnachten!", wünscht sie ihrem besten Freund, bevor er die zwei Treppenabsätze nach oben hopst, zu seiner Familie.

24. So wie jedes Jahr?

Der Heiligabend bei Ettas Familie beginnt, wie Heilig-
abende meistens beginnen – mit dem Glöckchen, das zur
Bescherung läutet. Jetzt dürfen alle ins Wohnzimmer, wo
die Kerzen am Weihnachtsbaum brennen. Sie singen ein
paar Weihnachtslieder, Etta spielt *O du fröhliche* auf der
Blockflöte, und alle klatschen begeistert, so wie bei Silla
letztes Jahr. Dann geht es an die Geschenke. Etta darf ein
Paar Skier auspacken, so wie Bini vorletztes Jahr. Und zum
Schluss machen sie ein Familienfoto, so wie jedes Jahr.

„Die Kleinste ganz nach vorne", weist Papa sie an, bevor
er den Selbstauslöser drückt.

Etta verdreht die Augen – auch wie jedes Jahr.

Aber eigentlich macht das alles nichts, denkt sie dann.
Denn einmal war sie dieses Jahr wirklich die Allererste,
genau wie sie es sich gewünscht hatte. (Und damit meint
Etta nicht, dass sie beinahe den Weihnachtsmann persönlich getroffen hätte oder heimlich im Wichteldorf war.) Sie
hat etwas getan, was noch kein anderes Kind jemals getan

hat: Sie hat dafür gesorgt, dass ein Schmolltroll Weihnachten feiern konnte. Und das wird ihr weder Silla noch Bini noch sonst irgendjemand nachmachen.

„Ach, schau mal! Wo kommt das denn auf einmal her?", wundert sich Mama und reicht Etta ein Päckchen mit einer dicken roten Schleife, das noch versteckt hinter dem Weihnachtsbaum lag.

Ihr Name ist auf dem Anhänger zu lesen, aber da steht nicht, von wem es ist. Neugierig zieht Etta die Schleife auf … und ihr Herz macht einen Hüpfer. Denn in der goldenen Pappschachtel liegen wunderschöne, honigkuchenbraun glänzende Lederstiefel. Oben dran haben sie einen warmen Fellbesatz. Etta erinnert sich genau, wo sie solche Stiefel schon einmal gesehen hat, nur ein paar Nummern größer. Sofort schlüpft sie probeweise in den Rechten hinein. Er passt wie angegossen und ist muckelig warm.

„Die sehen aber toll aus!", findet Ettas Mama.

„Auf deinem Wunschzettel stand doch gar nichts von neuen Stiefeln?", merkt ihr Papa verwundert an.

Etta lächelt still in sich hinein. Als sie auch noch den Linken anziehen will, stutzt sie plötzlich. Ihr großer Zeh ist gerade an etwas gestoßen …

Am nächsten Morgen – das Honigkuchenhäuschen riecht von außen immer noch ein bisschen nach Bergkäse –

kommt Emil zu Etta, um ihr zu erzählen, was er alles zu Weihnachten bekommen hat. Das machen sie immer so. In Emils goldener Pappschachtel mit der dicken roten Schleife lag das nachtleuchtende Planetenpuzzle, das er sich zu spät gewünscht hatte.

„Er wusste es!", staunt Etta.

„Er weiß eben alles", stellt Emil fest.

Da zeigt Etta ihm den Brief, der in ihrem linken Stiefel gesteckt hat. Er ist in goldener, altmodischer Schrift auf Pergamentpapier geschrieben. Oder zumindest glaubt Etta, dass es Pergamentpapier sein muss, denn natürlich schreibt der Weihnachtsmann nicht auf stinknormales Briefpapier.

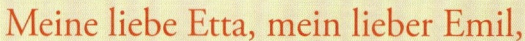

Meine liebe Etta, mein lieber Emil,

heute möchte ich mich bei euch bedanken – dafür, dass ihr nun schon zum zweiten Male einer meiner Honigkuchenfeen bei ihrer Arbeit unter die Arme gegriffen habt. Ich weiß, dass Hollas Aufgabe keine leichte ist. Umso froher bin ich, dass dank eurer Hilfe auch dieses Jahr der Weihnachtszauber wieder rechtzeitig in die Welt hinausgetragen wurde. Dass ihr dabei die eine oder andere Regel gebrochen habt, was Besuche im Wichteldorf angeht – darüber kann ich ausnahmsweise gerne hinwegsehen.

Doch das ist nicht der alleinige Grund für dieses Schreiben. Noch viel mehr hat es mich gefreut, dass ihr dem Schmolltroll so einen wunderbaren Tag beschert habt. Ihr habt verstanden, dass Weihnachten ein Fest ist, das ein jeder so feiern darf, wie er oder sie es mag. Ein Fest des Miteinanders und der Freundschaft. Und aus diesem Grunde werdet ihr mit Fug und Recht forthin hier im Wichteldorf und in der ganzen Weihnachtswelt bekannt sein als

die allererste Weihnachts-Etta
und der allererste Weihnachts-Emil.
Frohes Fest!
Euer Weihnachtsmann

Etta sieht Emil zu, während er den Brief liest und sich dabei ein breites Strahlen auf seinem Gesicht ausbreitet. Sie könnte wetten, dass es in seinem Bauch gerade genauso zauberschön knallbrausebitzelt wie in ihrem.

Stinkige Bergkäseplätzchen

Zutaten:

200 g Mehl

200 g Käse*

200 g Butter

2 Eier

falls gewünscht: 3 Esslöffel Sesam, Mohn oder Kümmel

falls gewünscht: etwas Paprikapulver

*Wenn du es genauso stinkig magst wie der Schmolltroll, kannst du einen kräftigen Bergkäse verwenden. Ansonsten ist z. B. ein junger Gouda eine gute Wahl.

Zubereitung:

In einer Schüssel zerreibst du Mehl und Butter mit den Fingern, sodass eine bröselige Masse entsteht.

Dann fügst du die Eier, den Käse und nach Belieben Sesam, Mohn oder Kümmel hinzu. Das Ganze verknetest du mit den Händen zu einem glatten Teig.

Jetzt muss der Teig eine Stunde lang im Kühlschrank ruhen. Gegen Ende der Ruhezeit kannst du schon mal den Backofen auf 200 Grad (Umluft: 180 Grad) vorheizen.

Als Nächstes rollst du den Teig auf der bemehlten Arbeitsfläche einen knappen Zentimeter dick aus. Steche mit lustigen Keksformen Plätzchen aus, und lege sie auf mit Backpapier bedeckte Bleche. Jetzt kannst du die Plätzchen noch leicht mit Paprikapulver bestäuben, wenn du möchtest.

Backe die Plätzchen anschließend etwa 10 bis 15 Minuten lang, bis sie schön goldbraun sind.

Nachdem sie ausgekühlt sind, kannst du sie gleich essen oder aber luftdicht verpacken. So halten sie sich einige Tage.

Natürlich magellan®

Hergestellt in Deutschland
CO_2-Ersparnis durch kurze Lieferwege
Gedruckt auf FSC®-zertifiziertem Papier
Lösungsmittelfreier Klebstoff
Drucklack auf Wasserbasis
Farben auf Pflanzenölbasis

Weitere Infos gibt es hier:

www.magellanverlag.de/natürlich

1. Auflage 2023
© 2023 Magellan GmbH & Co. KG, 96052 Bamberg
Alle Rechte vorbehalten.
Text: Teresa Hochmuth
Illustration: Julia Christians
Covergestaltung: Christian Keller
unter Verwendung einer Illustration von Julia Christians
Druck: optimal media, Röbel/Müritz
ISBN 978-3-7348-2847-8

www.magellanverlag.de